小さな幸福論

「致知」の言葉

藤尾秀昭
Fujio Hideaki

致知出版社

気がする。

逆に、もっとこういった人に会えていればとか、この環境が自分にあればとかいったわがままな望みが浮かび、その重要性を腹に落とすことを邪魔していたようだ。

そんな私にとって、確乎不抜《かっこふばつ》の志を与えてくれたのは、やはり様々な出会い、縁であった。

〝指導者とは〟という問いを持ちながら、学びを得ようと様々な人、書物、経験を求めていく中で、安岡先生の本と出会い、読み込んでいくのだが、正直に言えば、真剣に読んでみて、ここまで理解が出来ないという大きな壁にぶつかった。確かに現代語になっていない部分もある本であったと思うが、とにかく、自分に完全にダメ出しをされたのだ。

そこからだ、ここで挫《くじ》けては自分は何も達成できない、さらに真剣に学ばなければという志が生まれたのだ。どこから何を学んでいけばいいのか、わからなかったが、手当たり次第という感覚で、書物に向かった。そんな思いが通じたのか、ファイターズ監督時代、本当にもがき苦しむ中、救ってくれたのが月刊誌『致知《ちち》』との出会いだった。

そこに示される言葉に心打たれ、その偉人の本をただひたすら読み込んでいく。

『致知』との出会いで、自分を支えてくれる多くの師に出会うことが出来たのである。

『致知』には毎号、巻頭に発行人による「総リード」と呼ばれる一文が掲載されている。その文章を集めたものが『小さな人生論』（全五巻）、『小さな修養論』（全五巻）としてそれぞれまとめられ、私はそのすべてを熟読してきた。このたび新シリーズの第一巻として『小さな幸福論』が発刊される運びになったことを嬉しく思う。

本書の中に「運《うん》・鈍《どん》・根《こん》」をテーマにした一文がある。その中に平澤《ひらさわ》興《こう》先生の「鈍とは誠実ということと同じ」という言葉が紹介されている。

まさにその通りである。野球の試合でも、人智を超えた瞬間に多く出会う。打ちそこなった当たりが間に落ちて試合を決めるなど、運の要素も持つ勝負事だが、そこには大きな神の意志が働いていることが多々あると感じる。その選手のこれまでの生き様、努力、そういったものが大きく関わっているとしか思えないのだ。

采配《さいはい》をしていても、どんな動きをしても全《まった》く何も変わらないことがある。そんなとき、天から「こんな努力ややり方では応援するわけにはいかん！」――そう言われているとはっきり感じるのだ。

監督にとっての素振りとは学び続けること、また先人の思考に近づこうとひたすら本を通じて向き合い続けることだと思っている。

平澤先生の言われる通り、ゆっくりと愚直にやり続けた本当の技術しか認めないと感じる瞬間、だめか！　と思うのではなく、まだ足りない、もっと行こうとこういった言葉が背中を押し続けてくれるのだ。

本書は努力のあり方についていても貴重な示唆を与えてくれる。

「誰でも努力することは知っているし、多くがそれなりに努力する。だが、努力をしなくてもいい環境になると努力しなくなる。それが凡才である。天才は努力をしなければならない環境を自ら創り出して努力することをやめない」

自分に言われているのかとはっとするが、まさに大谷翔平を現している言葉であると実感するのである。

森信三先生が言われる元服の年に一人好きな偉人の伝記を半分自分のお金で買い、両親や担任の先生に言葉をもらって、自分が生きる指針とするという指導も実際に使わせて頂いた。

監督時代、新入団選手に『小さな人生論』の1巻を渡し、両親、本人、そして最後に監督の私もメッセージを書かせて頂いた。この入団の際の最高に高揚した気持ちをいつも思い出せる環境を作っておいてあげたいということだが、本という形であれば、ずっと残る可能性が高い。一年ごとに2巻、3巻と渡していく。ゆっくり時間をかけて読んでほしいという思いもあった。

このように、ほぼ『致知』から頂いた縁、人や書物から大きな学びを得て、実際のそれをどう使っていけば、選手のためになるのか、考え続けた十数年であった。

本書の中で森信三先生も、

「実行の伴わない限り、いかなる名論卓説も画《か》いた餅《もち》にひとしい」

と言われている通り、学びを生きた行動に変えていくことは簡単ではない。

ただ、いくつになってもそこに全力で向かうことが大切なのだ！　だから、この『小さな幸福論』も常に横に置いて、読み込みなさい――そんな教えを偉大な大先輩から頂いた気がする。私にとっては手放せない一冊である。

これからも先哲の教えを糧にさらにパワーアップして、あるべき理想に向かって全力疾走をしていきたい。――そう感じる今日この頃である。

令和五年八月

小さな幸福論＊目次

第三章　不変の原理

※本書中の年号及び肩書き等は、
すべて月刊『致知』掲載当時のものです。

装　幀――スタジオファム
装　画――マツモトヨーコ
挿　画――清水義光
帯写真――菅野勝男
編集協力――柏木孝之

第一章　言葉が人間を創る

積み重ね 積み重ねても また積み重ね

今年（二〇二一年）の新春記念大会。イベルメクチンの開発でノーベル賞を受賞された北里大学特別栄誉教授・大村智博士が講演の中で紹介された一つの言葉に大きな感銘を受けた。

積み重ね 積み重ねても
また積み重ね

耐震構造理論の生みの親と言われる内藤多仲《たちゅう》（一八八六〜一九七〇）の言葉である。浅学にして日本の建築界にこの人あるを知らなかったが、昭和二十九年から三十三年にかけ、名古屋テレビ塔（百八十メートル）、大阪通天閣（百メートル）、東京タワー（三百三十三メートル）の建設に携わり、「日本の耐震建築の創始者」と謳《うた》われた人である。

この人の生涯と歩みについては、本号（二〇二一年八月号）でご子息の内藤多四郎氏に語ってもらっているので参照いただきたい。多仲は自らのこの言葉を座右銘として、その生涯を貫いたのだ。

積み重ねることの大事さは多くの人が語っている。しかし、その言葉を三回繰り返して生涯の自銘としたところにこの人の真骨頂《しんこっちょう》がある。一回だけでは不十分。三回繰り返すことで、積み重ねるという言葉が真の威力を発揮する。仕事と人生の要諦《ようてい》はこの一語に尽きることを多仲は全心身で知っていたのだろう。

この言葉に関連して、松下政経塾の元塾頭上甲晃《じょうこうあきら》氏から聞いた話を思い出す。ある時、松下幸之助が言った。

「ぼくもやっと素直の初段になった」

「誰が免状をくれるんですか」と上甲氏が聞くと、

「将棋でも碁でも一万回指したら大体初段になれるんや。わしも三十年、毎日毎朝、素直になりたいと祈り続けたから初段になった」

「すると二段になるにはもう三十年ですね。死んでしまいますよ」

「素直の名人は神さんや。神さんはすべてを受け入れる」

死んだら神さんになる。即《すなわ》ち素直の名人になるということだろう。八十歳を越え、なお素直の人になりたいと、一万日積み重ね積み重ねられたのが松下幸之助の人生だったのだ。深い感動が湧いてくる。

京セラの創業者、稲盛和夫氏もまた、若いころから一つの思いを積み重ねてきた人である。氏はそれを「六つの精進《しょうじん》」と名づけ、日々の戒めとしてきた、と言っている（弊社刊『人生と経営』より）。

一、誰にも負けない努力をする
二、謙虚にして驕《おご》らず
三、毎日の反省（利己的あるいは卑怯《ひきょう》な振る舞いがなかったか）
四、生きていることに感謝する
五、善行、利他行《りたぎょう》を積む
六、感性的な悩みをしない

これを積み重ねていけば魂は磨かれ、素晴らしい人生になる。氏はそういう人生を歩んできたと明言している。もって範としたい。

最後に、坂村真民《しんみん》さんの詩「つみかさね」を紹介する。

一球一球のつみかさね　一打一打のつみかさね
一歩一歩のつみかさね　一坐一坐のつみかさね
一作一作のつみかさね　一念一念のつみかさね
つみかさねの上に　咲く花
つみかさねの果てに　熟する実
それは美しく尊く　真の光を放つ

理想を持ち、努力を積み重ね続ける人生でありたい。

言葉は力

知人からあじさいの花を贈っていただいた。大きな花瓶に直径一メートルを超す花々が鮮やかな青葉と入り交じり、見る者を和《なご》ませ、楽しませてくれる。

その花がある朝、すっかり生気《せいき》を失い、しおれてしまっているのを目にした。前の晩、水をあげるのを忘れたのである。あわてて水をあげると、ほどなく花々は一斉に生気を吹き返した。花の命の元は水、と改めて感じ入ったことだった。

では人間の命の元は何だろう、と考えた。

それは言葉である。それも美しい言葉、心を鼓舞《こぶ》するような言葉である。汚水が花を枯らすように、人を貶《おとし》め損なうような言葉は、逆に人間の心を腐らせ、滅ぼす。心をどういう言葉で満たし、潤《うるお》しているか。それがその人の人格を決定し、人生を決定する。言葉の人間に及ぼす力の大きさを、私たちは忘れてはならない。

強く心に残っている話がある。ずいぶん昔に禅の高僧、松原泰道《たいどう》師から伺った話である。

A氏とB氏は二十年来の俳句仲間である。共に経営者だが、経営の話などしたことはない。ところが、B氏が事業に失敗する。再建に奔走《ほんそう》するが万策《ばんさく》尽き、やむなくB氏はA氏に援助をお願いした。黙って話を聞いたA氏は「私にとっては大金なので即答しかねる。明朝九時に拙宅《せったく》にお出でいただきたい」と答えた。

翌朝、約束の時間にB氏はA氏を訪ねる。通されたのは茶室だった。だが、A氏はなかなか現れない。

茶室の床《とこ》の間《ま》に一幅《いっぷく》の軸が掛けられていた。書かれているのは筆太《ふでぶと》の文字で「南無地獄大菩薩《なむじごくだいぼさつ》」。もし願いが叶《かな》わなければ破産、自殺するしかないいまの自分を迎えるのに、こんな軸を掛けるとはどういうつもりか、とB氏は苦味を飲み下すように思いながらA氏を待った。だが、それでもA氏は姿を現さない。やむなくB氏は床の間の「南無地獄大菩薩」を見つめていた。すると、その文字がじんわりと心に沁《し》みてくるような思いにとらわれた。

いままでの自分は地獄から逃げよう、逃《のが》れようとばかりしていた。だが、自分が直面している現実からは絶対に逃れられない。ならば思い切ってこの地獄に飛び込み、死んだ気になってやってみよう、という思いが湧き上がり、次第にそこに固まっていった。

決意が定まると、心の中に一条の光が射し込むような気がした。その時、A氏が現れた。待たせた詫《わ》びを言い、一服の茶をすすめる。飲み終えてB氏が礼を言うと、A氏が質問した。「この軸は白隠《はくいん》の書いたものだが、何かを感じさせましたか」。B氏は答えた。

「この文字が私に初めて、人の嫌う地獄を大菩薩と素直に受け入れる気持ちになれ、ということを考えさせてくれました」

「破産の痛手に自決を覚悟していた私には、この軸は天来の教示です。すぐにおいとまして、地獄の底破りに努力いたします」

この話の出典は柴山全慶《しばやまぜんけい》老師の『越後獅子《えちごじし》禅話』である。一語よく人を生かした典型のような話である。

言葉は偉大な力を持っているが、同時にその言葉を受け取る側の力量も問われる。
真実の言葉を受け取り、受け入れるだけの人間的器量を養っておきたいものである。

天に星　地に花　人に愛

香厳智閑《きょうげんちかん》という禅僧がいた。学者肌で頭脳明晰《めいせき》な人であった。

ある時、香厳は兄弟子の潙山《いさん》禅師から「経典の引用からではなく、自分の言葉でこの公案《こうあん》を説いてみよ」と課題を与えられた。その公案とは「父母未生《みしょう》以前の一句をいえ」である。自分の父母が生まれる以前の自分は何であったかを説明せよ、というのである。

香厳はこの公案を説くべく日夜心を砕いたが、数年を経てもなお説き得ない。ついに潙山のもとを去り、尊敬していた慧忠《えちゅう》国師の墓守《はかもり》をして暮らすようになった。そんなある日掃除をしていて、箒《ほうき》ではいた小石が竹に当たり、カーンと音を立てた。その音を聞いた瞬間、香厳は忽然《こつぜん》として悟りを得、公案の一句が氷解《ひょうかい》したという。

香厳がどういう一句を得たのか。どう答えればこの公案をパスするのか。本誌も折に触れ、考えあぐねてきたが、最近、素人考えながらその解を得たと思えるようになった。

それが本特集のテーマ「天に星　地に花　人に愛」の一句である。

天に星が輝き、地に花が咲き、人に愛があることによって人間の命は永遠に保ち続けられている——父母未生の遥《はる》か以前から天地は、人間は、この営みを連綿と繰り返し、その中に〝私〟という一人ひとりが存在していることを強く感じるようになったからである。

宇宙は百三十八億年前、ビッグバンによって誕生した。素粒子や中性子などが飛び交う雲霧朦朧《うんむもうろう》の状態から大気が冷え、原子ができ、天と地が分かれ、四十六億年前に地球が誕生する。その地球に水が生まれ、その水の中に単細胞生命が生まれ、やがて雌雄《しゆう》が分かれ、生命はマンダラのごとく多彩な生命へと発展していく。そのプロセスの中で我々の父祖も誕生した。

この宇宙創成と生命発展の歴史には、人知を遥かに超えた大いなる働きがあることが分かる。宇宙をも統御する大いなる働き。故・村上和雄氏はそれをサムシング・グレートと呼んだが、このサムシング・グレートの絶妙《ぜつみょう》至極《しごく》な働きによって宇宙は創造され、生命は生かされている。まさに奇跡のような世界である。

この奇跡を貫いている原理は、愛である。

話は飛ぶ。最近、心臓の二つの弁が同時に開いたり閉じたりする様子を超音波エコーの映像で見る機会があった。

その真剣な働きに圧倒された。二つの弁はまるで申し合わせたように、一分の狂いも休みもなく、ひたすら呼吸を合わせて自らの務めを果たしている。必死である。心臓は一日二十四時間、一年三百六十五日、一刻も休まず、必死、懸命の営みを繰り返しているのだ。

もし人間が同じことをやれと言われたら、数分もしないうちに音《ね》を上げてしまうだろう。こんなことは人間にはできない。神業《かみわざ》である。人間の命は我々の与《あずか》り知らないところで繰り返されている神業によって支えられている。これを忘れたら忘恩《ぼうおん》の徒《と》になると思った。

哲学者森信三《しんぞう》師の言葉を思い出す。

「生の刻々の瞬間から死の一瞬にいたるまで、われらの心臓と呼吸は瞬時といえども留まらない。

これはありがたいという程度の言葉で尽せることではない。もったいないといっても忝《かたじけな》いといってもまだ足りない」

拳々服膺《けんけんふくよう》したい言葉である。

天に星 地に花 人に愛——誰の言葉か判然としないが、命の原点を教えてくれる言葉である。

努力にまさる天才なし

努力にまさる天才なし——古来、よく言われてきた言葉である。努力にまさる才能なし、とも言う。いかなる天才も、どんなに能力があっても、努力する人にはかなわないということである。換言《かんげん》すれば、どんなに才能がある人でも、努力しなければその才能は衰えてしまう、ということでもある。

「天才とは努力し得る才である」とゲーテの言葉にあるそうである。誰でも努力することは知っているし、多くがそれなりに努力する。だが、努力しなくてもいい環境になると努力しなくなる。それが凡才である。天才は努力しなければならない環境を自ら創り出して努力することをやめない。評論家の小林秀雄はゲーテの言葉の意をそう解説している。

努力することが息をするのと同様になっている人を天才というのだろう。


今夏（二〇二一年）開催された東京オリンピックとパラリンピック。選手たちは無観客という異例の状況の中で自己の能力の最善を尽くし、「努力にまさる天才なし」「天才とは努力し得る才」という二つの言葉を余すところなく実証してみせ、日本国中を大きな感動に包んだ。

オリンピック最終日の翌日、たまたま観たＮＨＫテレビで、競泳女子の四百メートルと二百メートルの個人メドレーで二つの金メダルを獲得した大橋悠依《ゆい》さんがインタビューに答えていた。

大橋さんはオリンピック開催の一か月前の測定で、自己ベストより七秒も遅い記録しか出ず、精神的にもきついから、四百メートルは辞退したいと平井伯昌《のりまさ》コーチに申し出た。「オリンピック出場を辞退する道もあるぞ」。それが平井コーチの返事だった。

それを聞いた大橋さんの脳裏に、これまで歩んできた道、これまで必死の練習を積み重ねてきた歳月が蘇《よみがえ》ってきた。そして金メダルをとって賞賛されたいなどということではなく、自分で選んだこの道でしてきた努力、苦労を救ってあげなければ、という思いが込み上げてきた。その一念で出場に臨んだと語っていた。どれだけの努力、苦労をしてきたかを彷彿《ほうふつ》させる言葉である。

大橋さんのこの思いはすべての出場選手に共通したものであったに違いない。努力の尊さを改めて全国民に思い出させてくれるオリンピック・パラリンピックであった。

ただ、言うまでもないことだが、努力はアスリートだけの専売特許ではない。哲学者の森信三師は「一すじの道をあゆみて留まらず命の限りつらぬかむとす」と歌に詠《よ》んでいる。道をつらぬこうとする人もまた、努力を人生の伴侶として選んだ人、と言える。

脳神経解剖学の大家・平澤興《ひらさわこう》先生の座右銘は「努力努力また努力」である。学友をして「平澤君は非常な努力家でありました。人間努力をすれば最もすぐれたところまで進み得ることを、彼は身をもって教えてくれました」と言わしめた人である。

詩人の坂村真民《しんみん》さんに「一に求道《ぐどう》 二に求道 三に求道 四に求道 死ぬまで求道」という詩がある。求道は努力と同義語である。多くの人の心に光を灯《とも》した詩人は、死ぬまで努力した人だと分かる。

プロ野球で活躍した野村克也氏の言葉――「若いころの一時期、自分が好きな対象に溺《おぼ》れるほどに熱中するのは、絶対に必要なこと。その中でカンであれ何であれ、一流の基礎が養われる」。

知の巨人と言われた渡部昇一氏の言葉――「〝寝食を忘れる〟という言葉がある。大きな事をなしとげるにはそのくらいの覚悟がなくてはならないということだ。終了時間ばかり気にしている人には大きな仕事はなしえない。これは確かに〝若い人たちの一番覚えておくべき〟ことに違いない」。

料理評論家の山本益博氏は「成功者は若い頃に寝る間も惜しんで一つのことに打ち込み、その総数が一万時間を超えている」と言っている。若い頃の姿勢が習慣となり、それを生涯続けた人こそ道を極める人であることを付言しておきたい。

東洋古典『中庸《ちゅうよう》』に有名な言葉がある。

「人一たびにして之《これ》を能《よ》くすれば己之《おのれ》を百たびし、人十たびにして之を能くすれば、己之を千たびす」

無限の反復努力こそ能力が開花する道であることを、古《いにしえ》の先哲は教えてくれている。

最後に、最近読んで感動した後藤静香《せいこう》氏の詩を紹介したい。

大関のすもう
名優のしばい
幼稚園の運動会

見ているとでる
全力があまりに神々《こうごう》しいからである
はちきれる程に熟した西瓜《すいか》の美しさ
咲けるだけ咲いた野菊の美しさ
全力は美である
力いっぱいの現れは
なんでも人をひきつける

常に目指すものを持ち、全力を尽くす人生でありたい。

第二章　人生の大事

死中活あり

東洋学の泰斗《たいと》・安岡正篤師に「六中観《りくちゅうかん》」なる言葉がある。人物を修錬するための方途《ほうと》を説いた言葉である。

忙中閑《かん》あり――どんなに忙しい中でも閑はつくれるし、またそういう余裕を持たなければならない。

苦中楽あり――どんな苦しみの中にも楽は見つけられる。

死中活《しちゅうかつ》あり――もう駄目だという状況の中にも必ず活路はある。

壺中《こちゅう》天あり――どんな境涯《きょうがい》の中でも自分独自の別天地を持つ。

意中人あり――尊敬する人、相許す人を持つ。

腹中書あり――頭の知識ではなく人間の土台をつくる書物を腹に持つ。

「六中観」は安岡師の自作と思われるが、師自身「私は平生竊《へいぜいひそ》かに此《こ》の観をなして、如何《いか》なる場合も決して絶望したり、仕事に負けたり、屈託《くったく》したり、精神的空虚に陥らないように心がけている」（『安岡正篤一日一言』）と語っている。私たちも安岡師のこの姿勢に学びたいものである。

本号（二〇二一年十二月号）のテーマは、この「六中観」から、昨今の時流に鑑《かんが》み、「死中活あり」を選んだ。改めて「六中観」を読み返してみると、他の五中観はすべて、死中に活をひらくために必要な要因のように思える。平素より五中観を心がけ、熟達している人物にして、初めて死中に活路をひらくことができるのだ、と安岡師は言われているように思える。

「死中活あり」で思い出す話がある。坂村真民《しんみん》さんから伺ったある校長先生の話である。

瀬戸内海で船が沈む事故が起こり、多くの人が水死した。瀬戸内海は渦《うず》が多く巻いている。多くの人は渦に巻き込まれまいと必死にもがいて溺《おぼ》れてしまったようである。その校長先生も海に投げ出され、渦に巻き込まれたが、何の抵抗もせず生きようという考えも捨ててしまって、逆巻く渦に身を任せた。ずうっと底まで引き込まれていく。と、逆に渦にあおられて浮き上がっていく。浮いたり沈んだりを七、八回繰り返しただろうか。そこに救助船が来て助けられた。渦に逆らって生きようともがいた人たちは亡くなり、捨て身で渦に任せた校長先生は助かった……。示唆《しさ》に富む話である。本気の極みは捨て身というが、自己の保身を忘れて捨て身になった時、そこに活路がひらかれるということだろう。

松下幸之助も死中に活をひらいた人である。

幸之助の最大の危機は敗戦後の昭和二十一年、GHQが行った経済改革、財閥解体の時である。GHQより財閥に指定され、公職追放の制限を受けたのだ。敗戦当時、幸之助は五十歳、会社は創業二十七年。その会社が江戸、明治から続く住友、三井、三菱、安田と並んで財閥指定を受けたのである。財閥指定を受けると全財産が凍結される。公職追放になると働くことができなくなる。この財閥指定と公職追放は、番頭格だった髙橋荒太郎の百回に及ぶ必死の交渉と、労働組合の嘆願書によって、それぞれ昭和二十五年末と二十二年五月に解除されたが、その間の幸之助の心情は察するに余りある。長年幸之助に仕えた木野親之《ちかゆき》氏はこう言っている。

「小学校中退で丁稚奉公《でっちぼうこう》に出て、二十三歳で独立、五十歳で敗戦を迎え、そして思いもよらなかった財閥指定で追放だといわれたのですから、絶対納得できるものではありません。素直になろうにも、素直になれない。けれども、素直にならなければ自分は生きていけない」（『松下幸之助叱られ問答』）

この葛藤《かっとう》の中で松下幸之助は「素直になるしかない」と思い定め、新たな一歩を踏み出したのだろう。幸之助の「素直の初段になる」修錬は、ここから始まったのではないかと思われる。

幸之助のこんな言葉がある。

「現実を否定してもいけない。是認《ぜにん》してもいけない。容認しなければならない」

現実を否定しても是認しても、現実は変わらない。容認する。即《すなわ》ち現実をありのままに抱きかかえて、そこから一歩を踏み出すことが大事だ、ということだろう。

死中に活をひらくために忘れてはならない心得である。

最後に、松下幸之助がその体験からつかみ取った、人生の急所を衝《つ》いた言葉を二つ紹介したい。

▼「悲運と思われる時でも、決して悲観し失望してはいけない。その日その日を必死に生き抜くことが大事。そのうちきっと、思いもしない道がひらけてくる」

▼「九十であろうが百であろうが、生きている間はやるべきことをやる。人間は行き詰まるということは絶対にない。行き詰まるということは、自分で行き詰まったと思うだけのことである」

忙中の閑、一人静かに噛《か》み締め、自らの糧としたい。

人生、一誠に帰す

弊社主催の「徳望塾《とくぼう》」で柴田和子さんのお話を伺った。柴田さんは昭和十三年生まれで八十三歳。第一生命の保険セールスウーマンとして三十年連続日本一の営業成績を上げた人である。生保業界では年間一億円の保険契約成績を上げれば優秀とされる中、ピーク時の柴田さんは四百四十四億円の契約実績を上げたこともある。

まさに伝説の人である。

幼少期の柴田さんは父親が事業を営んでいて、裕福な暮らしだった。だが、九歳の時に父親が死亡、生活は一変する。赤貧《せきひん》洗うが如《ごと》き日々の中で母親がいつも言っていた言葉がある。

一つは「和子ちゃん、お天道《てんとう》さまはいつも見ているよ」。天はいつも見ているから、天に恥じるようなことをしてはいけない、誠実に生きなさい、ということである。もう一つは「和子ちゃん、できる親切はいつでもするのよ」。

この二つの教えを柴田さんは幼いころから健気《けなげ》に実行してきた。その長年の積み重ねが柴田さんの人間力、徳力となって多くの人を惹き付けたのだろう。素晴らしい営業成績はその結果に他ならない。柴田さんのお話を伺って、そう感じた。

そう言えば、柴田さんのお母さんは明治四十年の生まれだというが、柴田さんの母親だけに限らない、明治に生を享《う》けた人は濃淡《のうたん》はあれ、等しく天というものを意識して行動していたように思える。

一代で日本ガイシやノリタケ、TOTOなどの母体を築いた森村財閥の森村市左衛門《いちざえもん》。この人の信条は、「天に神あり。地に心あり。人生、誠を以《もっ》て貫く」である。そして「正直、親切、勤勉」を日常生活の規範にしていたという。

日露戦争を勝利に導いた東郷平八郎にも、次のような言葉がある。

「天は必ず正義に与《くみ》し、神は必ず至誠《しせい》に感ず」

「終局の勝利は必ず誠実な者に帰す」

至誠、誠実を東郷がいかに大事にしていたかが窺《うかが》える。

西郷隆盛もまた、至誠を重んじた人である。その言葉。

「人を相手にせず、天を相手にせよ。天を相手にして己を尽くし、人を咎《とが》めず、我が誠の足らざるを尋《たず》ぬべし」

事業を成すに当たっての大事な心構えを説いている。人を相手にするのではなく天を相手にし、その天に対して真心の限りを尽くし、仮に失敗に終わっても人のせいにして咎めたりせず、自分の真心が足りなかったのではないかと自省せよ、というのである。襟《えり》を正さしめずにはおかない言葉である。

明治という時代が際立つのは、武士などの一部に限らず庶民に至るまで、国民一人ひとりが天に対して誠を貫いて生きようという意識を共有していたからではないか、と思われるがどうだろう。

最後に、明治天皇の侍講《じこう》を務めた元田《もとだ》永孚《ながざね》の言葉を紹介する。

明治天皇が初めて東京帝国大学に行幸《ぎょうこう》、授業を見学され、理系の学問は充実しているが、最も重要な人間修養の学問が乏《とぼ》しいことを憂《うれ》えられた。これを受け、元田は井上毅《こわし》と協力して「教育勅語《ちょくご》」を作り、国民教育の規範とした。その人にこういう七言絶句《しちごんぜっく》がある。

勇力の男児は勇力に斃《たお》れ／文明の才子は文明に酔う／

君に勧《すす》む須《すべか》らく中庸《ちゅうよう》を択《えら》び去るべし／天下の万機は一誠に帰す

力の強さを誇る人は力に倒れ、知識や技術に優れた人はそのことに溺《おぼ》れてしまう。人はやはり中庸を選ぶことが大事であり、人生、どんな時でも誠を尽くすことほど大事なことはない、の意だろう。

本号（二〇二二年一月号）はこの元田の言葉に倣《なら》ってテーマとした。『致知』四十三年、これまで取材させていただいた先達の言葉を集約すると、「人生、一誠《いっせい》に帰《き》す」に凝縮されるのである。

百万の典経 日下の燈

百万の典経《てんきょう》　日下《にっか》の　燈《ともしび(とう)》　──百万の経典を読んでも実行しなければ、お日さまの下でローソクを灯すようなもの、何の価値もない、の意。明治八年から二十五年まで鎌倉円覚寺《えんがくじ》の管長を務めた今北洪川《いまきたこうせん》の言葉である。

洪川の人柄と禅風を慕《した》い、山岡鉄舟《てっしゅう》もそのもとに参禅している。

「百万の典経 日下の燈」の言葉は、イエローハット創業者の鍵山秀三郎《ひでさぶろう》氏から教わった。鍵山氏は高校時代の恩師から教えられたという。高校の恩師の言葉を深く心に留め社会に出てからも人生の指針としてきたところに、鍵山氏の非凡さがあるといえよう。

人生の要を衝《つ》いたこの言葉は、表現こそ違え、多くの先達がその大事さを説いている。

「古《いにしえ》の道を聞いても唱えてもわが行いにせずば甲斐なし」

と詠《よ》んだのは島津日新公《にっしんこう》である。昔の立派な教えを聞いても、また口で唱えても、実行しなければ何の値打ちもない、という和歌である。

月刊『致知』にゆかりの深い先師にも同意の言葉がある。

「実行の伴わない限り、いかなる名論卓説も画《か》いた餅《もち》にひとしい」

——森信三

「今日一日の実行こそが人生のすべてである」

「人生は夢と祈りと実行以外にはない」——平澤興

弊誌の誌名は人の上に立つ人必読の書『大学』に由来しているが、

『大学』は全編、実行の大事さを説いた書とも言える。

二〇二〇年末に発刊、ベストセラーとなった『1日1話、読めば心が熱くなる365人の仕事の教科書』。いまも毎日熱い感想が届く。この中に登場している人たちの共通項は、尊い教えを日下の燈にしなかった、ということに尽きるだろう。いずれも忘れ難い話ばかりだが、その一つに桂小金治《こきんじ》さんの話がある。

子供の頃、ハーモニカが流行《はや》った。欲しくて父親にねだると、父親は榊《さかき》の葉を吹いて見事な曲を奏でた。練習すれば吹けるようになると言われて練習したが、うまくいかず、やめてしまった。すると、父親が言った。「努力までは誰でもする。大事なのは努力の上に辛抱という棒を立てる。その上に花が咲く」。この言葉に小金治さんは発奮、努力を続け、ついに見事に吹けるようになった。

もう一つ、高橋恵《めぐみ》さんの話も忘れられない。

高橋さんは十歳の時、大東亜戦争で父親を亡くした。母親は三人の子をとても育てられないと思い、秘《ひそ》かに一家心中を考えた。ある日、玄関に一枚の紙切れが挟《はさ》まれていた。それにはこう書かれていた。「あなたには三つの太陽があるじゃありませんか。いまは雲の中に隠れていても必ず光り輝く時がくるでしょう。それまでどうか挫《くじ》けないで頑張って生きてください」。

この手紙に母親は気を取り直し、一家を養うために身を粉《こ》にして働き始めた。この体験が高橋さんの生涯を貫くお節介《せっかい》（ちょっとした親切）の原点になったという。

その母親が常に言っていた言葉がある。「天知る、地知る、我知る。

どんなに貧しくなろうとも心まで貧しくなってはならない」。どんな言葉を支えにして実行しているか。その積み重ねが人生を決定することを忘れまい。

最後に、安積得也《あづみとくや》氏の詩を紹介したい。

語る人尊し／語るとも知らで／からだで語る人／さらに尊し／
導く人貴し／導くとも知らで／うしろ姿で導く人／さらに貴し

この境地に近づくべく、実行を深めていきたいものである。

学を為す、故に書を読む

学を為《な》す、故《ゆえ》に書を読む——幕末の儒者佐藤一斎《いっさい》の言葉である。学を為すために書物を読むのである。書物を読むことが即《すなわ》ち学ぶことではない、の意である。

学といえば学校の勉強が思い浮かぶがそうではない。ここでいう学は人間学のことである。自分を創ることである。人が学ぶのは自分を創るためであり、本を読むことがそのまま自分を創ることにはならない、と一斎はただの本読みになることを戒《いまし》めているのである。

一斎は〝学〟に対して生涯、その姿勢を貫いた。

一斎には二つの特長がある。

一つは、一斎は長寿の人だということである。

一斎は一七七二年（安永元年／十代将軍家治《いえはる》の時代）に生まれ、一八五九年（安政六年／十四代将軍家茂《いえもち》の時代）に八十八歳で世を去った。当時の八十八歳は今なら優に百歳を超えるだろう。「仁者は寿《いのちなが》し」の言葉を実証するように生きた人といえる。

二つは、弟子の数の多さである。一斎は七十歳で徳川幕府の最高学府である昌平坂《しょうへいざか》学問所（昌平黌《こう》）の儒官（大学総長）になった。当時、各藩には藩校があり、その数は全国で二百三十を超えていた。各藩はこぞって藩校の成績優秀者を昌平坂学問所に送り、一斎の薫陶《くんとう》を仰いだ。この間に学んだ者は三千人の多きに達したという。

一斎はその生涯に多くの書物を著したが、中でも際立っているのが語録集「言志四録《げんししろく》」である。哲学者の井上哲次郎は「一斎先生の言志四録はわが邦人の語録集において白眉《はくび》と称すべきものなり」と激賞している。

事実、幕末から今日まで、この書で蒙《もう》を啓《ひら》かれ、心を鼓舞された人がどれほどいたか。その数は計り知れない。西郷隆盛に至ってはこの語録集の中から特に心に響いた百一箇条を選び出し、手抄《しゅしょう》本を作り、常に座右に置いていたほどである。

一斎は一生を己事究明《こじきゅうめい》、即ち人間学の究明に生きた人である。その言葉を動乱の中を生き抜いた実行の化身《けしん》のような人が心の糧としていたという事実は、一斎の言葉がいかに人生の真理、真髄を衝《つ》いていたかを物語るものである。

「言志四録」はその書名のように四冊の語録から成る。それらが作成された時の一斎の年齢は次の通りである。

言　志　録――四十二歳～五十二歳（二百四十六章）
言志後録――五十七歳～六十六歳（二百五十五章）
言志晩録――六十七歳～七十八歳（二百九十二章）
言志耋《てつ》録――八十歳～八十二歳（三百四十章）

驚くのは耋録である。他の三語録はいずれもほぼ十年の歳月をかけて作られているが、耋録はわずか三年。しかも内容の言葉の量は一・五倍に達している。

「末路晩年、君子《くんし》よろしく精神百倍すべし」とは『菜根譚《さいこんたん》』にある言葉だが、一斎は年を取るほどに学ばんとする意欲が旺盛になっていたことを、この事実は示している。

一斎の有名な言葉がある。

少《わか》くして学べば、則《すなわ》ち壮《そう》にして為すあり
壮にして学べば、則ち老いて衰えず
老いて学べば、則ち死して朽《く》ちず

『言志晩録』の六十章に記されている言葉だから、おそらく七十歳前後の言葉と推測される。

若い時にひたむきに人間修養の道を学べば、壮年になってひと角《かど》のことができるようになる。壮年になってもなお学び続ければ、老いても精神が衰えるようなことはなく、むしろ向上していく。そして、老いてもさらに学び続ければ、その魂は朽ちることなく、多くの人々の心を照らす光となる、ということである。

一斎は晩年にこの言葉を記し、この言葉のように人生を生きた。私たちもまたこの言葉の如《ごと》く、一己《いっこ》の生を全《まっと》うしていきたい。

最後に、この人も自分を修養すべく生涯学び続けた人、森信三師の言葉を紹介しておきたい。弊社刊『森信三 運命をひらく365の金言』の十二月六日に記されている言葉である。

「真の学問というものは、単に頭に覚えるだけではなくて、心にこれを思って忘れず、常にこれを行うことであります。否ひとりそれのみに留まらず、常にこれを行うことによって、ついには生まれつきの生地《きじ》や性根までも、これを根こそぎ改変するようなところまでゆくようでなければ、真に学問したとはいえないでありましょう」

心身に刻みつけたい言葉である。

第三章　不変の原理

山上 山また山

先日ある人から、晩年の松下幸之助氏が、自宅玄関の壁に画家の中川一政《かずまさ》氏の手になる『氣魄《きはく》』という書を掲げ、その書を毎朝拝んで会社に向かうのが習わしだったという話を伺って、深い感動を覚えた。松下氏は九十歳を超えてなお、山また山を上らんとする日々であったことをその事実が物語っていると思われるからである。

山上山又山《さんじょうやままたやま》。この言葉の出典は不明だが、古来、この言葉に励まされ、命ある限り、自己の向上に生きんとした方は多い。中川一政氏もその一人である。こういう言葉がある。

「一つ山を登れば、彼方《かなた》にまた大きな山が控えている。それをまた登ろうとする。力尽きるまで」——氏は九十七歳まで生きた。死ぬまで進歩することを考えて前進していた人生であった。

それ天地は万物の逆旅《げきりょ》（はたごや）
光陰は百代の過客《かきゃく》（たびびと）なり

李白《りはく》の詩である。安岡正篤師が『経世瑣言《けいせいさげん》』の中で紹介し、自身もまた多くの人間や書物、事件などの逆旅であったし、まさしく過客でもあった、と述べている。

その伝に倣《なら》えば、今年（二〇二二年）創刊四十四周年になる『致知』もまた、多くの人のはたごやであったと言える。各界各層、年齢も職業もさまざまな人があまねく立ち寄って下さった。そして、わがはたごやに立ち寄って下さった人には共通したものがあったことに改めて気付く。それは常に目指すものを持って歩み続けていた、即《すなわ》ち山上山また山を人生のテーマに歩み続けていた人たちであった、ということだ。

さらに見逃せないのは、山また山を目指して歩んでいる人は例外なく、自らを律する信条、気概を備えていたということである。


百歳を超えてわが逆旅に立ち寄って下さり、千人の聴衆を前に講演して下さった人が二人いる。一人は禅の高僧・松原泰道《たいどう》氏。もう一人は安岡正篤師の高弟《こうてい》・伊與田《いよた》覺《さとる》氏。

松原泰道氏は言う。

「佐藤一斎《いっさい》が『言志晩録《げんしばんろく》』の中で、たとえ視力や聴力が落ちても、見える限り、聴こえる限り、学を廃すべからず、と言っている。私も老いてきましたが、この言葉を糧として死ぬ間際まで読むこと、書くこと、話すことは続けていきたい」

伊與田覺氏の言葉。

「東洋の老いは人間完成に向けた熟成期なのです。年を取るほど立派になり、息をひきとる時にもっとも完熟した人格を備える。そういう人生でありたい」

今年没後三十年を迎える森信三師にもこういう言葉がある。

「八十歳を境にして私が実践面で第一に取り組むことにしたのは、日常生活における挙止《きょし》動作の俊敏さです」

「五十にして四十九年の非を知り、六十にして六十化《か》す」

孔子《こうし》も賞賛した遽伯玉《きょはくぎょく》の言葉である。これを安岡正篤師が解説し、力強く呼びかけている。
「五十になってこれまでの半生を悪かったと改め、六十になったら六十になっただけ自己を変化創造してゆく。七十にして七十化し、八十にして八十化す。生きている限りは創造変化してやまない。これでいいととどまるところがない。大自然は造化だから頑《かたく》なにならず、一生自己を進化していこう」

最後に、今年数え百歳になる千玄室《せんげんしつ》氏。溌剌《はつらつ》、颯爽《さっそう》としたその姿は老いをまったく感じさせない。「死んでからも修行だぞ」という先代の言葉を日々反芻《はんすう》して生きんとする気魄と精進が、この若さを生んでいるのだろう。齢《よわい》百にして山上山また山を歩んでいる人の姿をここに見る。以《もっ》て範《はん》としたい。

伝承する

「文は道を貫くの器なり」と『古文真宝《こぶんしんぽう》』にある。文は道を貫いていくための手立てである、ということである。

「文は道を載せるの所以《ゆえん》なり」の古言《こげん》もある。文は道を千載《せんざい》に伝えていくためのものである、の意である。

『致知』は今年（二〇二二年）の十月号で創刊四十四周年を迎える。『致知』はどういう道を貫き、あるいは載せて今日《こんにち》にきたのだろうか。

最近、読者からこういうお手紙をいただいた。

「先月末から軽い脳梗塞《こうそく》でリハビリ病院に入院しています。人生初の長期入院で手持ち無沙汰《ぶさた》なので、妻に『致知』の旧号をランダムに抜き取って届けてもらいました。驚いたのはどの号も最新号と変わらぬ感動と学びに溢《あふ》れ、少しも古さを感じません。改めて『致知』のすごさを感じています。この入院をよい機会としてもう一度、人間学を学び直したい」

中国致知若獅子《わかじし》の会代表世話人の片川儀治《よしはる》さんからもお手紙をいただいた。

「もし『致知』という素晴らしい月刊誌に出会わなければどんな人生だったのか、と考えることがあります。その答えは明白で、きっと夢も志《こころざし》もなく、ただ生活費を稼ぐために働いたり、一時の快楽を求めるような人生になっていたでしょう」

このお二人のように、『致知』を人生の大事な伴侶としてくださっている方は多い。

折しも本号（二〇二二年六月号）で、昨年三十年ぶりに東京六大学リーグ戦春秋連覇、全国大学選手権でも三十四年ぶりに日本一になった慶應義塾大学野球部の堀井哲也監督と、同じく昨年、中学野球の二つの全国大会で優勝、二冠の偉業を成し遂げた星稜《せいりょう》中学野球部の田中辰治《たつはる》監督に対談いただいた。双方とも『致知』をテキストにした「学内木鶏《もっけい》会」を導入しているが、学びを深めるにつれ、ベンチ入りの選手のみならずバックヤードの部員たちも含め、全員の心がけ、心構えが大きく変わり、チームに一体感が生まれたことが勝利の最大要因、とお二人共に熱く語っている。

文化とは文によって人々を教化する意というが、『致知』が発してきた文によって人生を高め深めた人、人生の支えとしてきた人たちが各世代にいることを知り、この仕事に勤《いそ》しんできた者として、冥利《みょうり》に尽きる思いがする。

では発刊以来、『致知』が文に載せてきた思いとはなんであろうか。突き詰めれば、それは修養の大事さである。修養の「修」は修身、身を修めること。つまり気まま、わがまま、ムラッ気など散漫な心を払い、自己に克《か》つこと。「養」とはそういう心を養っていくことだと言える。

九十年の生涯を修養に生きた常岡一郎氏の言葉がある。

「勤勉、努力、誠実の積み重ねは明るい心を生む。わがまま、勝手、怠け、不実、その積み重ねが暗い心、冷たい心、ずるい心、苛立《いらだ》つ心になる」——修養は明るい心をつくる努力、とも言えよう。

人の上に立つ人の心得を説いた古典の名著『大学』は「修己治人《しゅうこちじん》」と教える。己を修めて初めて人を治めることができる、ということである。「治める」は支配することだけではない。「治」には助ける、育てるという意味がある。人は己を修めた分だけ人を助け、育てることができる、と『大学』は教えているのだ。修養のないところに人生の繁栄、発展はない。後世に伝承すべき人生の大事である。

安岡正篤師が若かりし頃の豊田良平氏（コスモ証券元副社長）に語った言葉が思い出される。

「賢《けん》は賢なりに、愚《ぐ》は愚なりに、一つのことを何十年も継続していけば必ずものになるものだ。君、別に偉い人になる必要はないではないか。

社会のどこにあっても、その立場立場においてなくてはならぬ人になる。その仕事を通して世のため人のために貢献する。そういう生き方を考えなければならない」

その立場立場においてなくてはならぬ人になる——安岡師がすべての人に託した願いである。本誌もまたその願いを継承し、人生を真剣に生きる人の心の糧になるべく、さらに一道精進《しょうじん》していきたい。

最後に、人生の大事をもう一つ記しておきたい。民族が滅ぶ三原則である。

一、理想を失った民族
一、すべての価値をもので捉え、心の価値を見失った民族
一、自国の歴史を忘れた民族

この三条件はそのまま個人の運命が衰退する道であることを、私たちは忘れてはならない。

これでいいのか

「功《こう》の成《な》るは成るの日に成るに非《あら》ず／けだし必ず由《よ》って起こる所あり」——蘇老泉《そろうせん》（唐宋八大家《とうそうはちだいか》の一人）の『管仲論《かんちゅうろん》』にある言葉である。事が成功するのはその日に突然成功するのではない、必ずそれに先立ってその成功をもたらす原因があるのだ、ということである。言葉はさらに続く。

「禍《わざわい》の作《おこ》るは作るの日に作らず／また必ず由って兆《きざ》す所あり」——禍が起こるのもまた、その日になって急に起こるのではなく、必ず禍が起こる予兆があって起こるのだ、というのである。

人間の世界で起こることの実相を衝《つ》いた深く鋭い言葉である。

ロシアのウクライナに対する突然の歴史的暴挙。これも必ず由って兆す所があったはずである。リーダーの役割は禍が起こる前にその由って兆す所を消し、福の種を事前に蒔《ま》いておくことだ、とある先哲は喝破《かっぱ》しているが、現代の宰相《さいしょう》にそういうリーダーを得なかったことが、今回の惨劇《さんげき》を招いたと言える。悲しみの極みである。

ウクライナの問題は、わが国にとっても他人事《ひとごと》ではない。

「天下の大患《たいかん》はその大患たる所以《ゆえん》を知らざるにあり」――と吉田松陰は言っている。日本の大きな災難は、多くの人々が今わが国は大変な災難の中にあるということを知らないでいることだ、と憂《うれ》いているのである。安政五（一八五八）年正月六日、日本の政局が激変した時、松陰が藩主に建言した『狂夫の言』に書いている。

日本は今、幕末明治以上の内憂外患《ないゆうがいかん》の時にある。外患については最近はさすがにマスコミでも報じ始めた。内憂については、目を覆《おお》いたくなるような事件が頻発《ひんぱつ》する毎日のニュースに如実である。日本で熱意を持って働いている社員は僅《わず》か五％という唖然《あぜん》とする数字も、まさに内憂に他ならない。

日本の内憂は、人心が病み、衰弱しているということに尽きるのではないか。人心を潤し、高めていくことこそ喫緊《きっきん》の課題である。

「教化は国家の急務なり／風俗は天下の大事なり」——と司馬光《しばこう》は言う。教えによって人々の人格をより良く導いていくのは、国家が先《ま》ず第一になすべきことであり、その国がどういう風俗習慣を備えているかは天下の大事である、ということである。

先に述べた『管仲論』の中で蘇老泉はこういう言葉も残している。

「一国は一人《いちにん》を以《もっ》て興《おこ》り、一人を以て亡《ほろ》ぶ」——そこにどういう人がいるかで国は興りもするし亡びもする。これは国家興亡の不変の原理である。リーダーの資質、人徳が常に問われる所以である。

『大学』の言葉が思い出される。

「一家仁《じん》なれば、一国仁に興る／一家譲《じょう》なれば、一国譲に興る／一人《いちじん》貪戻《たんれい》なれば、一国乱を作《おこ》す」――一家の中が互いに睦《むつ》み合えばその気風が国中に満ちてくるし、一家の中で互いに譲《ゆず》り合えばその美風が国中に興ってくるが、道理を無視し自分の利を貪《むさぼ》る人がいると、国全体が乱を起こすような国になる、と『大学』は教える。一己《いっこ》のあり方の重さを私たちは知らなければならない。

安岡正篤師の言葉を心に刻みたい。

「徳慧《とくけい》の学問、即《すなわ》ち広い意味において道徳的学問、人格学、これを総括して『人間学』というならば、この人間学が盛んにならなければ、本当の文化は起こらない。民族も国家も栄えない」

「これでいいのか」は「このままではいけない」ということである。各界識者たちの言《げん》に日本の甦《よみがえ》りの道を探りたい。

覚悟を決める

『禅海一闌講話《ぜんかいいちらん》』は、山岡鉄舟《てっしゅう》も師と仰《あお》いだ禅の高僧、今北洪川《いまきたこうせん》の著作『禅海一闌』の全文を弟子の釈宗演《しゃくそうえん》が詳細に読み説いた名著である。その中にある一文――。

《『金剛経《こんごうきょう》』にしても、その要は「阿耨多羅三藐三菩提《あのくたらさんみゃくさんぼだい》」の一句に帰する》《「阿耨多羅三藐三菩提」を更に約《つづ》めてみれば、ただ「覚《かく》」の一字である》

仏教の教えを凝縮すると、「覚」の一語に尽きるというのである。「覚」とは何か。平たく言えば、気づくということだろう。人生は気づくことが大事、気づかなければ何も始まらない。その気づきをさらに肚《はら》に落とし込む。覚悟を決めるとはそのことだ――『禅海一瀾講話』に触発され、そんな思いをめぐらせた。

これまで『致知』に登場いただいた人は皆、覚悟をもって人生を生きた人たちであることを改めて思う。その典型のような人に、今年（二〇二二年）の一月に亡くなられた越智直正《おちなおまさ》タビオ会長がいる。

越智氏には何度も『致知』に登場いただいている。中学卒業と同時に大阪の靴下問屋へ丁稚奉公《でっちぼうこう》に入った。六畳一間に六人が寝起きする暮らし。朝五時五十五分に起床、深夜までほとんど休憩もなく働きずくめの毎日。四国出身で言葉と風習の違いから、恰好《かっこう》のいじめの対象にもなった。

そんな日々の中で中学校の恩師から、「社会に出たら中国古典を読め」と言われたのを思い出し、古本屋で『孫子《そんし》』を求め、辞書を片手に寸暇を割いて読み続け、三年間で全文を暗誦できるようになっていた。丁稚奉公の辛《つら》さに打ちのめされそうになっていた氏にとって、『孫子』は人生の教科書であり、何よりの心の支えであった。

その後、社長との行き違いがあって、越智氏は二十八歳で独立する。部下二人と創業した会社を東証二部上場企業に育てていくのである。

今年の一月六日、その越智氏に異変が起こった。夕刻の六時二十五分頃、麗子夫人（七十一歳）と自宅付近を散歩中に軽トラックにはねられ、搬送先の病院で二人は亡くなられたのだ。享年八十二だった。

越智氏には一月十三日に弊社主催の「後継者育成塾」でお話しいただく予定になっていた。本人からも「その日を楽しみにしている」と電話をいただいた。それだけに突然の訃報《ふほう》に言葉を失った。「天は無常《むじょう》無自《むじ》性《しょう》(天は絶えず動いており、その動きは人間の善悪の価値観を超えている)」の一語を噛みしめる他はなかった。

越智氏には二つの特長があったと思う。

一つは「ここを離れない」という覚悟である。中卒の氏が三年間で『孫子』全文を暗誦できるようになったのはなぜか。もし氏が辛いから他の会社、職種を探そうとしていたら、『孫子』など放り出していたに違いない。自分が仕事の能力を磨き、人物を養うのはここしかないと思っていたからこそ『孫子』に集中できたのである。

特長のもう一つは、「先縁尊重《せんえんそんちょう》の人」だということである。「先縁尊重」とは「原点の人を忘れない」ことである。詳細は省くが、越智氏は社長の誤解から突然解雇された。普通ならその理不尽に恨《うら》みを抱いても不思議はない。だが越智氏は、自分が一人前になれたのは社長のおかげと、独立後も毎年正月に元社長の家に挨拶に行くのを欠かさなかった。この一事にも越智氏の覚悟を感じることができる。

いまいる場所で花を咲かす。恩ある人の恩義には生涯尽くす――この二つの覚悟を決めたことが、越智氏の運命を拓《ひら》いたことは間違いない。

越智氏の著書『男児志を立つ』にこういう話がある。

初めてのアメリカ旅行でオーランドに行った時、荘厳《そうごん》に沈む大きな夕日を見ていて、「靴下が私を選んだのだ」と、強烈なショックと共に気づいたという。以来、靴下のことしか頭になくなり、「一灯《いっとう》を提《さ》げて暗夜を行く。暗夜を憂《うれ》うる勿《なか》れ。ただ一灯を頼め」「今生《こんじょう》の命、一切衆《しゅ》生《じょう》に施《ほどこ》す」「死して護国の礎《いしずえ》となる」などの言葉に接すると、一灯、衆生、護国がすべて靴下と読めるようになった、というのである。

仕事と一体になる人を仕事大人《たいじん》、会社と一体になる人を会社大人という。大人になると覚悟を決めた人でなければ見えない世界、拓けない世界があることをこの話は教えてくれる。

「人はその一心だに決定《けつじょう》すれば、いかなる環境に置かれようとも、いつか必ず、道がひらけてくるものである」

森信三師の言葉である。深い英知の言葉を噛みしめて人生に臨みたい。

第四章　運命をひらくもの

生き方の法則

故渡部昇一氏は学生によくこういう質問をしたそうである。

「ゾウから鼻を取ったらゾウでなくなる。

キリンから首を取ったらキリンでなくなる。

では、人間から何を取ったら人間でなくなるのか」

ウィットに富んだ質問である。あなたはなんと答えるだろうか。本誌は、それは「心」である、と思う。

坂村真民《しんみん》さんに「こころ」と題する詩がある。

こころを持って生まれてきた

これほど尊いものがあろうか
そしてこのこころを悪く使う
これほど相すまぬことがあろうか

人間は生まれながらに心を備えている。こんなに尊いことはない。まさにその通りである。心がなければ宇宙も世界も存在しない。嬉しい楽しい幸せだといった感情は一切なくなる。人間はこんなに素晴らしいものを天から与えられているのである。ところが、この心を悪く使うことがある。こんなに相すまぬことがあろうか、と真民さんは嘆《たん》じ、詩をこう続ける。

一番大事なことは

このこころに
花を咲かせること
小さい花でもいい
自分の花を咲かせて
仏さまの前に持ってゆくことだ

この世に生を得た人すべてに託《たく》した祈願の詩である。


心については松下幸之助氏にこういう言葉がある。

「心を開けば宇宙大にまで広がり、心を閉ざせば自殺にまで追い込んでしまう」

松下氏の体験からつかみ取った言葉である。

心は諸刃《もろは》の剣でもあるのだ。心は自然界と同じで、放っておくと雑草が生える。その雑草を抜き取り、心を宇宙大にまで開いていく。そのための学び――それが人間学であると言える。

中江藤樹《とうじゅ》は言う。

「学問には品《しな》あまたありといへども、心を修むる学問のみ正真《しょうしん》の学問なり。この正真の学問は天下第一等のことにして人間の第一義なり」

いろいろな学問がある中で、心を修める学問こそ天下第一、人がまず第一に学ばなければならない学問だと言っている。

藤樹の言う正真の学、人間学を『致知』は追究し、今年（二〇二二年）で四十四年になる。この間数多くの人生の先達にご登場いただき、お話を伺うことができた。その言葉はいずれも人間の生き方の法則を説いて至極《しごく》である。心に残る先達の言葉を、以下に紙幅《しふく》の許す限り紹介する。

▼「人間学の結論は、最高の教育を受けた人間もその後の自己陶冶《とうや》なくしては立派な人間になれない。各人の自己陶冶によってのみ大業も成し得る」――安岡正篤

▼「休息は睡眠以外には不要、という人間になること。すべてはそこから始まるのです」

「人間は自己に与えられた条件をギリギリまで生かすという事が人生の生き方の最大最深の秘訣《ひけつ》」――森信三

▼「人生はにこにこ顔の命がけ」

「生きるとは情熱をもって燃えることだと思います。燃える心を忘れているような生き方は気の毒な生き方ではないでしょうか」――平澤興《こう》

▼「見えないところが本物にならないと、見えるところも本物にならない」――東井《とうい》義雄

▼「どんな逆境にあっても決して天を怨《うら》まず人を咎《とが》めず、自らを信じて心穏やかに道を楽しむ。これは天命だと受け入れることが大事なのである。すると、霧が晴れるように視界が開けてくるものである」

――渡部昇一

▼「徳と毒はよく似ている。徳は毒のにごりを取ったものだ。毒になることでも、そのにごりを取れば徳になるのである。どんないやなことでも、心のにごりを捨てて勇《いさ》んで引き受ける心が徳の心だ。

いやなことでも、辛《つら》いとかいやとか思わないでやる。喜んで勇みきって引き受ける。働きつとめぬく。それが徳のできてゆく土台だ。ばからしいとか、いやだなあという、にごった心をすっかり取って、感謝と歓喜で引き受けるなら、辛いことほど徳になる」——常岡一郎

▼「私は〝善きことを思い、善きことをするときには、天地が味方する〟ということを人生のバイブルとしてこれまで歩んできた」

——稲盛和夫

最後に二宮尊徳の言葉。

▼「若き者は、毎日能《よ》く勤めよ、是《これ》我が身に徳を積むなり。怠《おこた》りなまけるを以《もっ》て得と思ふは大なる誤《あやまり》なり、徳を積めば天より恵《めぐみ》あること眼前《がんぜん》なり」

生き方の法則は万古《ばんこ》不易《ふえき》である。

実行するは我にあり

先頃、所用で鎌倉の円覚寺《えんがくじ》を訪ねた折、若い修行僧に案内され北条時宗の御廟《ごびょう》にお参りした。時宗は文永《ぶんえい》、弘安《こうあん》の二度の元寇《げんこう》に立ち向かい、日本を護《まも》った人である。激務の故《ゆえ》か、三十四歳の若さで没した。御廟の前に佇《たたず》み、その生涯に思いを馳《は》せると、「実行するは我にあり」の信念を貫いた人であることがつくづくと思われた。

元《げん》の皇帝フビライハーンが日本に朝貢《ちょうこう》を求めてきた。朝貢は元に服従することを意味する。時の鎌倉幕府は拒否した。これに怒ったフビライは二万七千人の軍隊を編成、日本に来襲した。文永の役、一二七四年のことである。博多湾は九百艘《そう》の元軍の船で埋め尽くされたという。これに対し執権時宗の呼びかけで集まった日本の武士は五千人。十月二十日早朝から夜まで激烈な戦闘が続いた。日本軍は次第に劣勢に陥ったが、日本軍の果敢な闘いぶりを目の当たりにした元軍は夜襲を恐れ、大半が船に戻った。猛烈な暴風雨が博多湾を襲ったのはその夜である。元軍は一万五千人が死亡。戦意を失い、逃げ去った。時宗二十三歳の時である。

しかし、フビライは野望を捨てない。七年後の一二八一年、今度は十四万人の兵をもって、再び博多湾に攻めてきた。弘安の役である。日本も塹壕《ざんごう》を構築、備えていた。河野水軍、村上水軍も戦列に加わり、敵の船に乗り込んで火を放つなど勇猛に善戦、元軍は約二か月間上陸できない状態が続いた。そして閏《うるう》七月一日、またも暴風雨が襲来、「十万の兵、戻り得たのは三人のみ」と元の記録に残されるような状態となり、元軍は撤退した。時宗三十歳の時であった。

以後、元軍が日本を襲ってくることはなくなった。あの時もし元に制圧されていたら、と考えてみる。確かなことは、いまの日本はなかった、ということである。


日本にとっての僥倖《ぎょうこう》は、第一の蒙古《もうこ》襲来の前、時宗が二十八歳の時に宋《そう》の禅の高僧、無学祖元《むがくそげん》を招き、禅の教えを体得していたことが大きい、と思わないわけにはいかない。

時宗と祖元が交わしたとされる問答が伝えられている。

「人生の憂苦《ゆうく》、怯懦《きょうだ》を以《もっ》て最とす。如何《いか》にしてか、これを脱せん」（臆

病で意気地《いくじ》のない人間になることを自分は恐れている。どうしたら怯懦でない人間になれるだろうか）

「正に怯懦の来処《らいしょ》を閉《とざ》すべし」（怯懦の来るところを閉じてしまえ）

「怯懦は何処《いずこ》より来たるや」（怯懦はどこから来るのか）

「時宗より来たる」（時宗から来る）

「時宗、怯懦を忌《い》むこと甚《はなは》だし。何ぞ時宗より来たるというや」（自分は怯懦というものが嫌いだ。それなのになぜ自分の中から怯懦が来るというのか）

「試《こころ》みに明日より時宗を棄却《ききゃく》し来たれ。果たして胆《たん》は坤大《こんだい》の如《ごと》くならん」（試みに明日から時宗を棄《す》ててこい。そうすればお前の胆《きも》っ玉《たま》は大地のように揺るがない胆になる）

「如何にしてか、時宗を棄却せん」（どうしたら時宗を棄てられるのか）

「ただ一切の念処《ねんしょ》を絶《た》つべし」（念がよってくるところ、思いを一切絶つことだ）

「一切の念処を絶つ法は如何《いかん》」（どうすれば思いを絶てるのか）

「只管打坐《しかんたざ》。身心の静寂を想うべし」（ひたすら坐禅を組め。そうすれば身心がすうっと静かになってくる）

「俗家《ぞくか》、事精《じせい》を免《まぬが》れず。光陰の乏《とぼ》しきを如何せん」

「行住坐臥《ぎょうじゅうざが》、一切の事精、これ最良の修禅道場なり」

この祖元の最後の言葉がいい。自分は執権の立場上、やらなければならないことがたくさんあって、坐禅を組む時間がないという時宗に、日常の立ったり座ったり、怒ったりわめいたり、あらゆる出来事に懸命に取り組んでいくことがそのまま禅を修める最良の道場だ、と教えたのである。

この一語に時宗は開眼したのではないかと思われる。

第二の蒙古襲来の時、時宗が祖元に「大事到来せり」と報告する。祖元がどうするのかを訊《き》くと、ただ一語「喝《かつ》」と叫んだ。

禅の神髄を体得した人たる時宗の面目躍如《めんもくやくじょ》である。


実行するは我《われ》にあり。誰の言葉かは知らない。かつて何かの折に出会い、心に深く留めてきた言葉である。人生は自分が実行しなければ何も始まらない。実行は人に代わってもらうわけにはいかない。実行を離れて人生はない——ということを端的に示した言葉である。人に実行を促す言葉である。

平澤興《こう》氏（京都大学元総長）の言葉が思い出される。

「何よりも大切なことはあくまでも自己との約束を守り、一度やろうと決心したことは必ずやり通し、決して自己を欺《あざむ》かぬことである。これさえできるようになれば、もう人生は自分のものである」

こうも言う。

「賢いことを言うだけではだめである。実行できなければ何にもならぬ。結局、実行により成就する」

以て銘としたい。

運鈍根

運《うん》・鈍《どん》・根《こん》――古来、言い伝えられてきた人が成功するために必須の三条件である。若い世代には耳慣れない言葉かもしれない。しかし、時代がどう変わろうと、この三条件は物事を成していく上で欠かせない三条件であることに変わりはない。

運を好運と解する人もいるが、必ずしもそうではない。

運は巡り合わせである。どのような時代にどういう両親のもとで生まれるか。また運に恵まれるか、恵まれないか。誰も与《あずか》り知らぬことである。この捉えどころのない運にどう立ち向かうか。鈍と根で立ち向かえ、とこの言葉は教えているように思われる。

ここでいう鈍は、鈍感の鈍ではない。粘り強いということである。目標に向かって脇目も振らずまっしぐら、ということである。何かうまい話はないかとキョロキョロしている人に、運はついてこない。『致知』にゆかりの深い平澤興氏（京都大学元総長）は、「鈍とは誠実ということと同じ」と言い切っている。

根は根気、根性である。何があろうとへこたれず続けることである。成功するには少々のことで音《ね》を上げない土性骨《どしょうぼね》が要る。

『致知』は二〇二二年十月号で創刊四十四周年を迎えたが、本誌にご登場いただいた方は皆、運・鈍・根の人だったと言えるのではないか。没後三十年になられる森信三先生も、そのお一人である。

森信三先生の人生は不運から始まった。父方の祖父は第一回国会議員を務めた地方の名士だが、両親の不縁より満二歳で小作農の森家に養子に出された。実直な養父母は先生をわが子以上に大事に育てたが、小学校を首席で卒業するも、養家の経済事情で中学受験を断念しなければならなかった。だが、先生は鈍に徹し、根に邁進《まいしん》する。母校の給仕をしながら十七歳で愛知第一師範に入学、二十一歳で卒業。二十三歳で広島高等師範入学、二十七歳で卒業。二十八歳で京都大学哲学科入学、三十一歳で卒業、結婚。大学院に籍を置きつつ、大阪天王寺師範と女子師範の専攻科講師となる。三十六歳で大学院五か年の課程を首席で卒業するも京都に職を得ることができず、大学院の時に講師をしていた天王寺師範の専任教師となった。「天地の間に一人立つ」の感慨にむせんだという。

普通の人なら自暴自棄《じぼうじき》になっても不思議はない環境の中で、先生は与えられた授業に渾身《こんしん》の力を持って打ち込まれた。その成果は『修身教授録』『森信三訓言集《くんげん》』として、八十年後のいまも人間学の宝典として輝きを放っている。

森信三先生は不運を鈍と根によって好運に塗り替えたのである。

その体験から紡《つむ》ぎ出された森先生の金言がある。

「人は一時期下積みになっても、それは将来の土台づくりであり、一時の左遷や冷遇は、次の飛躍への準備期であり、忍耐力・持久力の涵養《かんよう》期として隠忍自重《いんにんじちょう》して、自らの与えられたポストにおいて、全力発揮を怠《おこた》らなかったら、いつか必ずや日の目を仰ぐ日のあることを確信して疑わないのでありまして、これが八十有余年の生涯を通してのわたくしの確信して疑わないところであります」

巡ってきた運を確かなものとし、好運に転じていく力が鈍・根にはある。そのことを忘れず、私たちも人生を切り開いていきたい。

ここまで書き終えた時、京セラ名誉会長・稲盛和夫《いなもりかずお》氏の訃報に接した。稲盛氏の人生も前半は不運の人生だった。その不運を鈍・根に徹することで稲盛氏は盛大な人生に切り替えていった。昭和平成の時代に偉大な足跡を残されたかけがえのない魂のご冥福を心よりお祈り申し上げる。

追悼　稲盛和夫

稲盛和夫《いなもりかずお》氏が亡くなられた。令和四年八月二十四日午前八時二十五分。享年九十。

〝巨星墜《お》つ〟とマスコミは報じていた。その業績は確かに巨星の名にふさわしい。京セラを創業、一代で一兆円を超す世界的企業に育て上げた。さらに五十二歳の時に創業した第二電電はＫＤＤＩとなり、現在五兆円を超すマンモス企業となった。

それだけに留《とど》まらない。二兆三千億円の負債を負って倒産した日本航空の再建を託《たく》され、会長に就任したのは七十八歳の時である。就任一年目に千八百億円の利益を出し、その翌年も二千億円の黒字を計上、就任後二年八か月で日本航空の再上場を果たした。このことにより、稲盛氏の名は世界的に知られるところとなった。

しかし、経営者としての大業を称揚《しょうよう》するだけでは、稲盛氏の真価に迫ることはできない。稲盛氏の非凡さは、自らが真剣に仕事に打ち込む日々の中で体得した仕事哲学、人生哲学を著書や講演活動を通じて余《あま》すところなく説き明かし、その言葉に多くの人が惹《ひ》きつけられ、多大の影響を受けた、という点にある。

一経営者の言葉が年齢や職種を超え多くの人に影響を及ぼしたということでは、日本の経営者山脈の中でも稲盛氏は松下幸之助氏と双璧《そうへき》を成す、と言えるだろう。

稲盛氏には特に忘れられないことが三つある。

一つは恩義である。平成四年、弊社は大きな試練に見舞われた。その時、稲盛氏は「致知出版社の前途を祝して」と題する一通のメッセージを寄せてくださった。

「我が国に有力な経営誌は数々ありますが、その中でも、人の心に焦点をあてた編集方針を貫いておられる『致知』は際立っています。日本経済の発展、時代の変化と共に、『致知』の存在はますます重要になるでしょう」

四面楚歌《しめんそか》のような状況の中で苦しんでいた身に、この言葉は暗夜を照らす一灯となった。この言葉にどれほど勇気づけられたことか。「目指す道を進んでゆけ」と背中を押してくれる言葉となった。

以来、稲盛氏は『致知』創刊二十周年を皮切りに四十周年まで五年ごとの周年行事の折に、会に出席できない時でも『致知』の発展を期待する旨《むね》のメッセージを自らしたためて寄せてくださった。

今、それらを改めて読み返して思うのは、永年にわたって応援してくださった稲盛氏の恩義に何としても応えねば、という思いである。その思いに、心を熱くするのである。


忘れられないもう一つは、稲盛氏がＪＡＬの会長に就任された年の年末に、盛和塾《せいわじゅく》で話されたことである。二つの言葉が耳朶《じだ》にしっかり焼きついている。こう言われた。

「私は今も、ど真剣の日々を生きている」

「私はＪＡＬの社員を意識の高さにおいて世界一にしたい」

その時、氏は七十八歳である。二つの大事業を成功させ、左団扇《うちわ》で過ごせる身分である。その人が七十八歳の今もど真剣の日々を生きているのか。そしてＪＡＬの社員を意識の高さにおいて世界一にしようと燃えているのか。

規模の大小は関係ない。この二つの言葉は全《すべ》ての経営者が範とすべき指標を示していると思えた。よし、人生、生涯修養。自分もまた一経営者として、命ある限りこの一道を極めていこう、と心を奮い立たされたことだった。

三つ目の忘れられないこと。平成三十（二〇一八年）年五月号で弊誌は稲盛氏に取材させていただいた。その頃、氏は長いインタビューは受けなくなっていた。七十五分を超すインタビューはこれが最後になった、と稲盛氏の身近な人に後で聞いた。

そのインタビューの最後に、「八十六年間歩んでこられて、人生で一番大事なものは何だと思われますか」と質問した。氏は概要、こう答えられた。

「一つは、どんな環境にいても真面目《まじめ》に一所懸命に生きること。自分が自分を一つだけ褒《ほ》めるとすれば、どんな逆境であろうと不平不満を言わず、慢心せず、今目の前に与えられた仕事に、それがどんな些細《ささい》な仕事でも、全身全霊で打ち込み努力してきたこと。もう一つは、利他《りた》の心。皆を幸せにしてあげたいと強く意識し、生きていくこと」

稲盛氏が八十六年をかけて掴《つか》んだ「人生の大事」である。この言葉はそのまま古今東西の先哲の言葉に通底している。

最後に、『稲盛和夫一日一言《いちげん》』の十一月二十二日にある言葉。

「私は、自分がそうであったように、〝仕事に打ち込んで、世の中に役立ち、自分自身も幸せだった〟と感じられる生き方が、時代がどう変わろうと、最終的にはみんなが求めているものではないかと思います」
私たちもそういう生き方を目指したいと思うのである。

第五章　心を高める

遂げずばやまじ

遂げずばやまじ——目標を持ったら成功するまでは絶対にやめない、という固い決意の言葉である。執念の極地を示した言葉といえる。古来、世に偉業を成した人は皆、この言葉を体現した人である。

日本の蘭学の先駆者、大槻玄沢《おおつきげんたく》（一七五七～一八二七）は生涯この言葉を自戒の語としていた。玄沢の言葉が残されている。

「およそ事業は、みだりに興《おこ》すことあるべからず。思ひさだめて興すことあらば、遂げずばやまじの精神なかるべからず」

事業というのは気ままな気持ちで始めてはならない、心に深く決意して事を興すなら、何があっても必ずやり遂げるという強い思いを持って始めなければならない、ということである。

大槻玄沢の人となりについては本文に譲るとして、この言葉に不動の決意を得て生涯を貫いたのが玄沢の孫、大槻文彦《ふみひこ》（一八四七～一九二八）である。文彦は玄沢の次男、大槻磐渓《ばんけい》の三男として生まれた。磐渓は漢学にも洋学にも通じた儒学者で、文彦は幼児期から漢学や英学、蘭学などを幅広く学んだ。明治三年、二十四歳で大学南校（後の東京大学）で英学を学び、明治八年、二十九歳で文部省勤務となり、日本語辞書の編《へん》輯《しゅう》を命じられた。

十九世紀から二十世紀にかけての当時、欧米列国はナショナリズムの高揚《こうよう》により国語辞書づくりに力を注いでいた。イギリスの『オックスフォード英語辞典』、アメリカの『ウェブスター英語辞典』、そして『フランス語辞典』『ドイツ語辞典』などが続々と企画、刊行、改訂されつつあった。その中にあって、日本語辞書の完成は明治政府による日本の「独立の標識」となるものであった、という。

このような背景のもと、文彦は二十九歳から十七年の歳月をかけて日本初の近代的国語辞書『言海《げんかい》』を編輯した。仕事は困難を極めたが、中でも明治二十三年に一歳の次女を亡くし、次いで最愛の妻をチフスで三十歳で亡くした時は、さすがの文彦も数日間筆をとる力も出なかったという。そういう悲しみを乗り越えての『言海』の完成であった。『言海』の巻末に文彦は記している。

「遂げずばやまじ（略）おのれ、不肖《ふしょう》にはあれど、平生《へいぜい》、この誡語《かいご》を服膺《ふくよう》す」

自分は取るに足りない人間だが、事あるごとに常にこの祖父の言葉を心にとどめ、忘れず、困難を克服してきた、というのである。
その姿に思わず背筋が伸びる思いがする。

偉業を成した人は皆〝遂げずばやまじ〟の精神を体現してきた人である、と先に述べた。現代にもそういう人はいる。その代表的なお二人の言葉を紹介しておきたい。

▼願望を成就につなげるためには、並みに思ったのではだめだ。生半可なレベルではなく、強烈な願望として、寝ても覚めても四六時中、そのことを思い続け、考え抜く。頭のてっぺんからつま先まで全身その思いでいっぱいにして、切れば血の代わりに「思い」が流れる。それほどまでにひたむきに強く一筋に思うこと。そのことが物事を成就させる原動

力となる――稲盛和夫

▼成功するためには、成功するまで続けることである。途中で諦《あきら》めて、やめてしまえば、それで失敗である。いくら問題が起こってきても、次々と工夫をこらして解決していけばよいのである。それをくじけることなくくり返していく。決して諦めない。成功するまで続けていく。そうすれば、やがて必ず成功する――松下幸之助

先達《せんだつ》の言葉を範として、私たちも我が業に臨みたい。

積善の家に余慶あり

積善《せきぜん》の家《いえ》には必ず余慶《よけい》あり――『易経《えききょう》』にある言葉である。善いことを積み重ねていく家には子々孫々まで慶福が及ぶということである。文章は更にこう続く。

積不善の家には必ず余殃《よおう》あり――不善を積み重ねている家には必ず後世まで災禍《さいか》が及ぶ、というのである。

この言葉で思い浮かぶのは、二宮尊徳《そんとく》の言行を記した『報徳記《ほうとくき》』に出てくる川崎屋孫右衛門の話である。

昔、大磯に川崎屋孫右衛門という米穀商人がいた。豪商だがけちで慈悲の心が薄かった。天保《てんぽう》七年（一八三六）は大凶作で大飢饉《ききん》となり米が高騰、人びとは飢餓《きが》に苦しみ、餓死する者も出てきた。「この困苦を救うために米を安く売ってください」と町内の者が申し出たが、孫右衛門は米相場を調べるために江戸に出ていて不在、番頭では決断できなかった。町の者はこれに憤激、ついに暴動を起こして川崎屋の米倉から米、麦、大豆などを略奪した。

この知らせに孫右衛門は急いで帰郷、その乱暴ぶりを代官に訴えた。だが、代官の返事は、

「お前が慈悲の心を出さなかったからこうなったのだ。その罪はみなお前のこれまでの所業にある」

そして逆に、孫右衛門が牢に閉じ込められた。

孫右衛門が獄中にいる間に、大磯で大火があり、川崎屋の家はほとん

ど焼失してしまう。相次ぐ不幸に孫右衛門の妻は嘆き悲しみ、幼子二人を残して亡くなった。孫右衛門は獄中でこれを聞き、狂人のように怒り狂った。

「この恨みを晴らさずにおくものか！」

孫右衛門の妹の夫である加藤宗兵衛は二宮尊徳の教えを受けていた。宗兵衛は尊徳に相談する。尊徳は言った。

「孫右衛門に多くの災難が一時に降りかかってくるのは、一朝一夕のことではない。思うに天明《てんめい》の大飢饉の時（一七八四年）に孫右衛門は暴利を貪《むさぼ》り、家を富ませたのではないか。

彼はその因果の理《ことわり》を知らず、自分の罪を視《み》ず、他人を恨《うら》んでいるが必ず一家廃亡の種を蒔《ま》き、それが実ったのだ。なのに孫右衛門は自らを責める道を知らず、もっぱら自分を善とし、打ち壊した町内の者を恨んでいる。代官がその罪を悟らせようとして戒《いまし》めているのに、その仁心を察しない。

天地の間の万物はみな同じで、蒔く種によって実は決まっている。どうして孫右衛門一人が善を蒔いて悪の実りがあろう。必ず一家廃亡の種を蒔き、いまその実りを得ているのだ。実に哀れむべき限りだが、どうにも致し方ない」

宗兵衛は尊徳の明察に感じ入った。だが何としても孫右衛門を救いたいと思い、何か道があったら何でもするから教えてほしいと懇願した。尊徳は宗兵衛の妻、つまり孫右衛門の妹が兄を哀れみ悲しんでいるかと尋ね、宗兵衛がうなずくと、こう言った。

「それでは妻君に言いなさい。〝骨肉の兄がこのような艱難《かんなん》に遭っている。救えるかどうか分からないが、いま兄と艱難を共にし、お前も粗末なものを食べ粗末なものを着、実家からもらってきた衣類、道具も皆売り、それを実家再興の一助にするのだ。

お前が兄と艱難を共にしようとする真心が立つなら、兄の禍《わざわい》を逃れる道も生まれるだろう。人の真心が煥発《かんぱつ》して止《や》まない時は、至誠天を感ぜしめるものだ〟と」

宗兵衛は帰宅して妻にそれを伝え、妻は実行した。

獄中の孫右衛門はこの話を聞き、己の非に気づいて涙した。その姿を見て代官所は孫右衛門の出獄を許した。孫右衛門は入獄以来満一年九か月で家に帰ることができた。しかし、家に帰って打ち壊された家屋を見、一切を失って泣いている子供を見ると、また恨み心がぶり返す。その後二転三転があったが、孫右衛門は最終的に尊徳の教えを受け入れる。

いまどれくらい金が残っているかと尊徳に問われ、全部集めて五百両くらいと孫右衛門は答えた。

「家が壊された時にあったものはことごとく禍のものだから、それは全部大磯の人びとに差し出すがよい」

孫右衛門はその通りにした。人びとは恨みを忘れ徳をもって報いんとする孫右衛門を褒め称え、信頼を寄せた。孫右衛門もこれを喜び、倹約を守り分に応じた商売に専心した。その結果は多くの財を生じ、彼の美名は遠近に響いた——。

だが、この話はここで終わらない。『報徳記』は記す。

「しかし、のち数年を経て孫右衛門は次第に倦怠《けんたい》の気分を生じ、教えを無視して我意に流れ、かつて人びとに差し出した金を家業の用にして家を盛大に興そうと取り戻しを計った。尊徳は人をやって諫《いさ》めたが孫右衛門は従わず、ついには多大な金銀を失い、極貧に陥ったのである」

積善、積不善によって禍福吉凶が生じることの実証として、これ以上の話はない。孫右衛門の話から私たちが学ぶものは多い。

最後に、今年（二〇二三年）日本は皇紀《こうき》二千六百八十三年である。「元日や一系の天子不二《ふじ》の山」と内藤鳴雪《めいせつ》は詠《よ》んでいるが、日本が万世一系《ばんせいいっけい》の天皇のもと、世界に類のない国となり、今日に至っているのは、私たちの父祖が後から来る者のために積善をしていたからである。

そのことを忘れず、いまここにいる私たちもまた後から来る者のために積善をしていかなければならない。輝かしい日本の未来のために――。

一心万変に応ず

一心万変《いっしんばんぺん》に応ず――何かの折に心に留め、手帳に記していた言葉である。先日、安岡正篤著『経世《けいせい》の書「呂氏春秋《りょししゅんじゅう》」を読む』（弊社刊）を紐《ひも》解《と》いていてこの言葉を見つけた。原典は明らかにされていないが、安岡師は概要こう述べられている。

「人間世界のことは色々様々で、いわゆる万変で際限がない。ことに人生の出来事というものは矛盾衝突が多く、なかなか思うようにいかないが、そういう時に一応自分の心ができておると、いかなる変化が生じても何とかやっていける。それが〝一心万変に応ず〟ということだ」

自分の心さえ調《ととの》い定まっていれば、また養っていれば、人生のどのような変化にも処していける、と先師は教えてくれている。

この〝一心万変に応ず〟に関連して、いまも鮮烈に胸に響いてくる一語がある。昨年（二〇二二年）の弊社新春大会で鈴木秀子先生が話された言葉である。

「ヨブよ、腰に帯《おび》して立ち上がれ」

鈴木先生によると、『聖書』のヨブ記に出てくる言葉である。

ヨブは義人《ぎじん》と言われた人で、日頃から善行を重ね、徳も財もあり、この人ほど立派な人はいないと皆から慕われていた。ところがある時を境にヨブの身辺が一変する。親友に裏切られ、災害で財産を失い、家族全員を疫病で亡くしてしまうのだ。この世の苦しみを一身に受けたヨブは、「自分は何も悪いことをしていない。立派な人間として生きようと毎日努力している。なのに、なぜ自分だけこんな辛《つら》い目に遭うのですか」と神に訴える。だが、神は何も答えない。

絶望のどん底で、もうこれ以上生きられない、死のう、とヨブが思った時、「ヨブよ」と呼びかける神の声が聞こえてきた。ヨブは神が「お前はよくここまで頑張った」と慰めてくれるだろうと期待して耳を澄ました。はっきりとした神の声が響いた。

「ヨブよ、腰に帯して立ち上がれ」

神がくれたのはこの一語だけだった。

だが、この言葉にヨブは真っ直ぐに立ち上がる。命は自分が創り出せるものではない。神の恵みである。その恵みを受けた者として相応《ふさわ》しく生きていくために、自分は真っ直ぐに立ち上がり、神を見つめて歩んでいくのだ、とヨブは決心する——。

ヨブほどではなくても、人生にはいろいろなことが起こる。辛いことや悲しいことや思いがけない試練が襲ってくる。しかし、どんな困難に遭ってもへたり込んではいけない。「腰に帯して立ち上がれ――この言葉はいつの時代にも立ち上がっていこうとする人に勇気と力を与えてくれる言葉です」と鈴木先生は締め括《くく》られた。

令和五年、癸卯《みずのとう》の年、私たちも腰に帯して立ち上がっていきたい。

最後に、この人も人生の万変に応じて立ち上がり、人生を切り開いてきた人、松下幸之助氏の言葉に耳を傾けたい。

「心を開けば宇宙大に広がり、心を閉ざせば最後は自殺にまで追い込んでしまう」

氏がその体験から紡ぎ出した言葉である。

私たちは常に心を閉ざさず、心を開いていく工夫用心をしなければ、人生の万変に応じていくことはできない。そのことを教えてくれる言葉である。肝に銘じたい。

不惜身命　但惜身命

今年（二〇二三年）は安岡正篤師没後四十年になる。この機に弊社では師の講話録集『活学——人となるために』を復刻、刊行させていただくことになった。本書は、安岡師が公職追放を解かれた昭和二十六年より、毎月一回大阪で開講された「先哲講座」が百回を迎えたことを記念し、昭和四十年に刊行されたものである。

六百ページを超す大冊だが、この本の中に「不惜身命《ふしゃくしんみょう》」「但惜身命《たんじゃくしんみょう》」の言葉が記されている。安岡師は言う。

「仏教から言うならば、道というもの、法というものは、なにものにも代え難い尊いものであってその尊いものを求め行ずるためには、この身この生も惜しまない……これを『不惜身命』という」「その尊い法を求め行ずるが故《ゆえ》に身命を惜しむ……これを『但惜身命』という」

そして、こう結ぶ。

「但惜身命なるが故に不惜身命である。身命を惜しまずしてただ法を求むるのである。求むるが故に身命を惜しむのである」

一見矛盾するようだが、どんな道であれ、一道に命をかけて打ち込んだ人は、皆こういう覚悟をもって事に臨んでいたのではないかと思われる。

この二つの言葉をそのままに生きた人として思い出す人がいる。京セラの創業者、稲盛和夫氏である。

稲盛氏は経営者にとって一番大事なものは「誰にも負けない努力をす

る」ことだと若い経営者に説き続けた。その言葉がある。

「企業経営をしていく中で一番大事なのは、誰にも負けない努力をすることです。また幸せな人生、素晴らしい人生を生きるためにも、毎日真剣に働くことが第一条件です。このことを除いて経営の成功も人生の成功もあり得ないと思います。一生懸命に働くことを忌《い》み嫌い少しでも楽をしようと思うならば、企業経営はもちろんのこと、素晴らしい人生を得ることもできません」


　なぜ一生懸命に働くことを強調するのか。それは、

「この自然界はすべて一生懸命に生きることが前提になっているからです。少しお金ができたり会社がうまくいくようになると楽をしようと考えるのは、我われ人間だけなのです。自然界に生きているすべての動植物は必死に、一生懸命に生きています。そういう現象を見ても毎日毎日

をど真剣に一生懸命に働くということが人間にとっても最低限必要なことではないかと思うのです」

ラケットハチドリという世界一小さな鳥がいる。この鳥の天敵はミツバチだが、この鳥は一日に二千回蜜を吸わないと死んでしまう。またゾウの集団は水を求めて何十キロも先の水場まで歩いていく。その途中で死んでしまうゾウもいる。百獣の王と言われるライオンでさえ、いつ何者に殺されるか分からないから自然界の生き物は皆、生きることに必死である。このような生命の実相《じっそう》を踏まえて、稲盛氏は言う。

「一生懸命に働く。誰にも負けない努力をするのは、この世に生きる者の当然の義務であり、この義務から逃れることはできないと私は思っています」

誰にも負けない努力は副次的効果をもたらす、とも言う。

「世の中で大きな発明発見をした人、新製品や新技術を開発した人たちの生きざまを見ると、そのすべての人が誰にも負けない努力をし創意工夫を重ね、素晴らしいひらめきを得ています。ナマクラな仕事をして成功した人、素晴らしい発明発見をした人は一人もいません。そういう点でも一生懸命に負けない努力をすることは、仕事にも人生にも大変なプラスをもたらしてくれるのです」

そして最も重要なのは、一生懸命に働くことで魂が磨かれることだと強調している。

稲盛氏は、不惜身命で仕事に打ち込むことの大事さを説き続けた。のみならず、自らがそういう生き方を貫いた。

だが、氏は但惜身命についてほとんど言及していない。氏にとっては、いかに誰にも負けない努力をしても途中で倒れてしまうようでは、真の意味で一生懸命の努力とは言えない、ということだろう。但惜身命は不惜身命の中に含まれている。そのことを生涯にわたって誰にも負けない努力を続けてきた稲盛氏の人生が、私たちに教えてくれるのである。

この度、ＷＢＣの戦いで名将栗山英樹監督の率いる侍ジャパンは三度目の世界一に輝き、日本中を沸かせた。選手たちは皆めざましい活躍をしたが、中でも衆目を集めたのは大谷翔平。数年前、その大谷にイチローがアドバイスをしていた言葉がある。

「無理がきく間は無理をしたほうがいい」

無理をすることは大事だ。無理をするから実力が養われる。しかし、無理がたたってへたり込んでしまうような無理はしないほうがいい。そのバランスを自分で見極め、無理をすることが向上に繋《つな》がる。イチローの言っていることは不惜身命、無理をすることが向上に繋がる。イチローもまた、この二つの言葉の体現者と窺《うかが》い知ることができる。

最後に、今年九十歳になる禅の高僧、青山俊董《しゅんどう》さん。青山さんは数え五歳で仏門に入り、十五歳で剃髪《ていはつ》、以後七十五年、禅の修行の道一筋に歩んできた人である。

青山さんは五年前に脳梗塞《こうそく》と心筋梗塞を起こした。脳梗塞の時は自分の名前も分からず、「住職の仕事は無理」といわれながら、懸命にリハビリに努め回復したが、一昨年、大腸がん、心臓発作、肝臓がんと立て続けに大きな病いに襲われた。普通の人なら、気が滅入ってしまうところだが、青山さんは病気を「南無《なむ》病気《びょうき》大菩薩《だいぼさつ》さま」と拝み、「生命は仏さま、病気はお医者さまにおまかせ、授かりの生命の限りを報恩と誓願《せいがん》に生きたい」と言っている。

不惜身命、但惜身命の言葉をそのままに、さっそうと生きている人の姿に倣《なら》い、私たちも己《おの》が人生を全《まっと》うしていきたい。

第六章　命を見つめる

人生の四季をどう生きるか

春、花の便りが聞こえる頃になると、心に浮かぶ漢詩がある。唐《とう》代の詩人、劉希夷《りゅうきい》の詩の一節である。

年年歳歳花相似《ねんねんさいさいはなあいに》たり
歳歳年年人同《さいさいねんねんひとおな》じからず

毎年季節になると、きれいな花が咲く。だが、去年一緒に花を愛《め》でた人は、今年はもういない。一年の四季は何度も巡ってくるが、人生の四季は一度限りであることを気づかせてくれる詩である。

青春《せいしゅん》、朱夏《しゅか》、白秋《はくしゅう》、玄冬《げんとう》——中国古代の五行説は人生の四季をこう表現している。この世に生を得ている人は皆、いずれかの季節を生きているのだ。

では、それぞれの季節をどう生きればいいのか。

本号（二〇二三年四月号）では、昨年共に九十歳になられたお二人、五木寛之氏と境野勝悟《かつのり》氏に示唆《しさ》に富んだ対談をいただいたが、境野氏は青春期にはよき師を得ることが大事と述べられている。青春時代にどういう師に巡り合うかは、確かにその後の人生を大きく左右するだろう。

弊社では二月中旬に『十四歳からの「啓発録《けいはつろく》」』という本を出版した。著者は瀬戸謙介氏。四十余年にわたり子供たちに空手を教え、また同時に『論語』や日本の歴史なども教える瀬戸塾を主宰してきた人である。

瀬戸氏は平成二十一年から満十四歳（数え十五歳）の子供たちを対象に「立志式」を行ってきた。対象者は立志式を迎えるにあたり、三か月前から毎週金曜日、空手の練習後約二十分、幕末の志士、橋本左内《さない》が自らを啓発すべく書き残した『啓発録』の五つの誓いを中心に学ぶ。そして、立志式の当日、塾生や父母の前で自らの決意を表明するのだ。この立志式により、子供たちはめざましい人間的成長を遂げていくという。

因《ちな》みに、橋本左内が十四歳の時に立てた誓いの言葉は五つである。

一、稚心《ちしん》を去れ
二、気を振るえ（気合いを入れる）
三、志《こころざし》を立てよ

四、学に勉《つと》めよ
五、交友を択《えら》べ

百七十年前、十四歳の少年が立てた決意に、現代を生きる十四歳も心を熱くするという。人は若いうちによき人、よき教えに出会うことが大事だが、その営みを黙々と実践してきた瀬戸氏には心からの称賛を贈りたい。

さて、先に触れた対談で五木寛之氏は人生の四季を、青春は二十五歳まで、朱夏は五十歳、白秋は七十五歳、玄冬はそれ以降と区切っている。それに従えば、現代では朱夏、白秋までは家庭生活を含め現役として社会活動を果たす時期、と言っていいだろう。

この時期に大事なことは、因果の法則を味《くら》まさないことだろう。善きことをすれば善きことが、悪しきことをすれば悪しきことが返ってくる。宇宙の法則である。だからこそ私たちは勤勉・誠実・丹精を旨とし、謙虚・素直に努め、感謝と感動、知恩・報恩に生きる人生を全《まっと》うしたい。そこに五木氏の言うように、六十代は収穫期、七十代は黄金期となる人生が開けると思うのである。

七十五歳以降は玄冬である。「玄」には「黒い」の他に、「奥深い、玄妙」の意もある。この玄冬の時代をどう生きるか。安岡正篤師の言葉に耳を傾けたい。

「〝老〟という文字には三つの意味がある。一つは年をとる。二つは練《ね》れる。三つは〝考〟と通用して、思索が深まり、完成するという意味だ。

老いるとは単に馬齢を加えることではない。その間に経験を積み、思想を深め、自己・人生を完成させてゆく努力の過程でなければならない」

さらに言う。

「古来医学の専門家は、人間いくら年をとっても、否年《いな》をとるほど、学問や芸術や信仰に情熱を抱き続けることが不老の秘訣であることを切論している。学芸、信仰、事業などに感興《かんきょう》を失わず、情熱を抱き続ける老人こそ、不老の特権階級である。徒《いたずら》に不老長生の薬を求めたり、苦難を恐れて安逸《あんいつ》を貪《むさぼ》る人間は養生《ようじょう》の道を錯誤《さくご》しているものである」

そして最後を三国志の英雄曹操《そうそう》の言で締めくくる。

「老驥櫪《ろうきれき》に伏《ふ》す　志《こころざし》千里《せんり》に在《あ》り
烈士暮年《れっしぼねん》　壮心已《そうしんや》まず」

一日千里を走る駿馬《しゅんめ》が老いて厩《うまや》に伏しているのは、なお千里を走らんがためであり、雄々《おお》しい男子は晩年になろうとも志を捨てない、の意である。人間、この士気がなければならない、と安岡師は結語している。人生の終焉《しゅうえん》がいつかは誰にも分からないが、その日がいつであろうと、士気をもって人生を歩みたいものである。

わが人生の詩《うた》

作家の高見順《たかみ》が食道がんを患《わずら》い入院していた折、病室の窓から一人の少年が嵐の中で新聞配達をしている姿を見て作ったという詩がある。

《なにかをおれも配達しているつもりで／今日まで生きてきたのだが／人びとの心になにかを配達するのが／おれの仕事なのだが／この少年のようにひたむきに／おれはなにを配達しているだろうか》

この詩を初めて読んだ時の感動をいまも忘れない。その時胸に込み上げたのは、では『致知』はこれまで何を配達してきたのだろうか、という思いであった。

最近、その答えとなるような手紙をいただいた。長崎在住の吉村光子さんという女性からである。その一部を紹介する。

《いまから七十七年余前の一九四五年八月九日、一発の原爆により現在、長崎平和祈念像が建立されている場所から僅《わず》か十数メートルも離れていない場所が当時の橋口町二五四番地で我が家があった場所で、すぐ前の道下が岡町で川内叔父さんの大きな家がありましたが、松山町の黒田伯父さんの家も八千代町の岡本叔母さんの家も駅前の橋本家も、すべて一瞬の閃光《せんこう》のもと焼き尽くされ跡形もなく、誰一人にも逢うことさえなく、その安否さえ知ることができず、三日三晩飲まず喰わずで尋ねさまよい、力尽きて鉄道線路によじのぼりしばらく体をやすめて這《は》うようにして勤務先の大橋町三菱兵器製作所に戻り、そこで血まみれになりながら陣頭指揮をしていられた島田労務課長に逢い、思わず涙がどっとあふれて何も言えず、よかったよかった、よく生きていてくれたと喜ばれて、そのまま受付をまかされ、九死に一生を得たような気持ちでした。

それからは毎日、わが子はわが夫は親はと尋ねてくる人ごとに住所氏名の記帳、夜は怪我《けが》人の世話、広い工場の中で、たった一棟のコンクリートの外壁だけ残った本館の中ではいまにも息絶えそうな人たちがひしめき苦しみと戦っている。

おしっこと泣き叫ぶ女の子にあわてて洗面器を持っていっても火傷《やけど》がひどくてさわることもできない。目に一杯涙をためて詫《わ》びるように私の手の中へ尿をする。いいのよいいのよといいながら、私も泣けてくる》

吉村さんの手紙を読んでいると、その当時の状況が目の前に蘇《よみがえ》ってくるようである。必死に生きた人の言葉は散文でもそのまま詩のように心に迫ってくるものがある。

《外では中には入れなかった人たちが地面に敷かれた毛布やカーテンの上で、もう傷口には大きなウジ虫が這《は》い回っている。痛いよう、取ってくれーっと、ウジ虫がバイ菌や膿《うみ》を喰ってくれるんだから取ったら駄目っと女医さんが奥から大きな声で。まるで地獄です。毎日のように亡くなってゆく人たちをまとめて広場で火葬、翌朝は骨を拾ってバケツに積みあげてゆく。もう泣く涙も出ない。

そうした毎日の中で自らも勤務中、爆風と共に窓ガラスが粉々に飛び散って頭や顔、腕につきささり、それを自ら引き抜いて、持参していた赤チンキを毎日塗っていたが、いま頃になって熱を出し、やっと女医さんからきちっと手当をしていただき安心していたのに熱が下がらず、課長が心配して休養をといわれても帰る家もなく、課長のおかげで随分いろいろな所でお世話になり、当時を思う時、不安のどん底で助けていただいた人びとも数知れず、いまは存命しておられる人もありません》

当時、吉村さんは二十二歳。原爆で身内は一人もいなくなった。人の奨《すす》める見合いをして結婚六十年、「家でも外でも一生懸命務めてきた」という。ご主人は前立腺がんで十六年前に八十四歳で死去。夫を見送って一人になった時に新聞で『致知』を知り、「これこそ私の一番の師と仰ぐ本だと確信」し購読を申し込まれたのだという。そして吉村さんは今年百歳。

「これからも『致知』を心の師と仰ぎ、どんなことがあっても人を大切にする心があれば、天は味方してくれると信じ、『致知』と一緒に生きていこうと思います」

手紙はそう締めくくられている。

原爆で被爆され、言葉では尽くせぬ辛《つら》い体験を経てこられた方が、百歳のいま、『致知』を心の師とし、「これからも『致知』と一緒に生きていく」と言ってくださる。『致知』が永年届けてきたものは何か。この手紙が答えてくださっているように思う。

人が生きていく上で欠かしてはならない大切なものが三つある、と釈《しゃ》迦《か》はいっている。

一は人生の師
二は人生の教え
三は人生を共に語り合える友

『致知』の読者は年齢も職業も様々だが、それぞれが自らにふさわしい三つの大切なものを『致知』の中に見つけているのだろう。

ともあれ、吉村さんの手紙は天が吉村さんに託して本誌に届けてくれた長編の詩のように思える。

『致知』創刊四十五周年の年に、このような手紙をいただけた天恩を思い、さらに『致知』の一道を前進していきたい。

いかねばならぬ。

悲愁を越えて

「教育界の国宝」と謳《うた》われた東井義雄《とういよしお》氏に、『子どもの心に光を灯す』（弊社刊）と題する講話録がある。心に沁《し》みる話に溢《あふ》れた本である。その中に浦島君という小学一年生の男の子が亡き母への思いを綴《つづ》った作文が載っている。素晴らしい作文である。全文を紹介しよう。

ぼくのむねの中に

《「おかあさん、おかあさん」

ぼくがいくらよんでもへんじをしてくれないのです。あのやさしいおかあさんは、もうぼくのそばにはいないのです。

きょねんの十二月八日に、かまくらのびょういんで、ながいびょうきでなくなったのです。

いまぼくは、たのしみにしていたしょうがく一ねんせいになり、まい日げんきにがっこうにかよっています。

あたらしいようふく、ぼうし、ランドセル、くつで、りっぱな一ねんせいをおかあさんにみせたいとおもいます。

ぼくはあかんぼうのとき、おとうさんをなくしたので、きょうだいもなく、おかあさんとふたりきりでした。

そのおかあさんまでが、ぼくだけひとりおいて、おとうさんのいるおはかへいってしまったのです。いまは、おじさんおばさんのうちにいます。

まい日がっこうへいくまえに、おかあさんのいるぶつだんにむかって、「いってまいります」をするので、おかあさんがすぐそばにいるようなきがします。

べんきょうをよくしておりこうになり、おとうさんおかあさんによろこんでもらえるようなよいこになります。

でも、がっこうでせんせいが、おとうさんおかあさんのおはなしをなさると、ぼくはさびしくってたまりません。

でも、ぼくにもおかあさんはあります。いつもぼくのむねの中にいて、ぼくのことをみています。ぼくのだいすきなおかあさんは、おとなりのミイぼうちゃんやヨッちゃんのおかあさんより、一ばん一ばんよいおかあさんだとおもいます。

おかあさん、ぼくはりっぱなひとになりますから、いつまでもいつまでも、ぼくのむねの中からどっこへもいかずにみていてください。》

昭和四十年代頃の話と思われるが、小学一年生でよくこれだけの作文が書けたものである。感嘆の他はない。幼くして両親を亡くした子の心中を思うと、胸が詰まる。

この少年がその後、どのような人生を生きたかは分からない。しかし、母親に深く愛された記憶は、生涯、この少年を導いてくれる光となったに違いない。そう願わずにはいられない。

幸福な家庭はみな一様に似通っているが、不幸な家庭はいずれもとりどりに不幸である——とはトルストイ作『アンナ・カレーニナ』の冒頭にある言葉だが、この「不幸」を「悲しみ」と置き換えても、同じことが言えるだろう。

生まれてすぐに捨てられた赤ちゃんがいる。将来の跡継ぎと思っていた子を不慮の事故で亡くす人もいる。可愛い幼子を残して旅立っていかなければならない親もいる。

俳人小林一茶《いっさ》は三歳で母を亡くし、不幸な幼少青年時代を送った。五十二歳で二十八歳の妻をめとり、三男一女に恵まれる。だが、幸せに満ちた日々は長くは続かない。やがて四人の子が次々と世を去り、六十一歳の時、ついにははるかに若い妻にも死なれるのだ。不幸の極みのような人生である。

人の世は悲しみの海である、とはよく言ったものだ。人の数だけ悲しみがある、とも言える。この世に悲しみと無縁の人は一人もいない。

では、人生の悲愁《ひしゅう》をどう乗り越えていくか。『致知』にご登場の人たちの生き方から、自分なりの解答を探し出したい。

いま、本誌には二つの言葉が思い出される。一つは石川不二子《いしかわふじこ》さんの短歌である。

しずかなる悲哀《ひあい》のごときものあれど
われをかかるものの餌食《えじき》となさず

悲哀の感情に狎《な》れることに喜びを見出す人もいるが、悲しみの中にどっぷり浸かって、自分を悲しみの餌食にしてはならない、ということである。

もう一つは、作家・玄侑宗久《げんゆうそうきゅう》さんの言葉。

《すべてのことは自分が何かを学び、深まるために起こる》

先達の言葉を噛《か》みしめ、人生の悲愁を越えていきたい。

人
人と生まれ
何をする

あとがき

人間学誌『致知』は今年（令和五年）九月一日発行の十月号をもって、創刊四十五周年になる。

「はるけくも来つるものかな」の感慨が湧いてくる。と同時に、「振り返れば一瞬」のようにも思える。年を取ると誰もが同じような感慨を持つらしい。時間というものの不思議さである。

この間、一度も休まずに発刊することができたのは僥倖《ぎょうこう》という他はない。天地の恩に感謝するばかりである。

『致知』は毎号特集テーマを決め、そのテーマに沿って編集する方針をとっている。この特集テーマを概括する一文を雑誌の冒頭に掲載するようになったのは、創刊二十周年頃からである。幸い読者の皆様から好評をいただいたのを力にこれを単行本化し、『小さな人生論』(全五巻)、『小さな修養論』(全五巻)と順次発刊してきた。そしてこのほど、新たに『小さな幸福論』を刊行するに至った次第である。

本誌『致知』の命名は、中国古典の名著『大学』に由来する。

『大学』は人の上に立って人々によい影響を与える人になるべく心得を説いたものだが、その冒頭に、人の上に立つ人間にとっての三つの大事を説いている。『大学』の三綱領《こうりょう》である。

一つは「明明徳《めいめいとく》」——明徳を明らかにする。

人は誰でもお日さまとお月さまを併せたような徳を持っている。この徳を発揮するのが明明徳で、これが大事だということである。

簡単に言えば、明明徳とは自分をつくることである。自分の花を咲かせること、と言ってもよい。

二つは「親民《しんみん》」――民に親しむ。

親しむとは、相手と一体になることである。自分の花を咲かせるだけではない。相手と一体になり、相手の花を咲かせるようにお手伝いをする、ということである。

三つは「止至善《ししぜん》」――至善に止まる。

至善とは最高の善、即《すなわ》ち理想のこと。止まるはストップではない。文字学的に言うと「止」は足跡の形で、これを二つ重ねると「歩」になる。つまり、「止至善」とは理想に向かって歩み続ける、ということである。

人の上に立つ者として大事な三綱領はそのまま、人が幸福に生きる道を説いている、と言える。言いかえれば、この世に生を享《う》けた人は皆、幸福に生きる使命がある、と言ってよいだろう。

人が幸福に生きるために、本書が一石を投ずるものになれば、これ以上の喜びはない。

最後に二十八歳でこの世を旅立った詩人、八木重吉《じゅうきち》の詩を。

花はなぜうつくしいか
ひとすじの気持ちで咲いているからだ
本当にうつくしい姿
それはひとすじに流れたものだ
川のようなものだ

人生はいつたのしいか
気持ちがひとつになり切った時だ

この詩は八木重吉の幸福論である。

ひとすじの気持ちでひとすじに生きている時、人は幸福である。人でも仕事でも物でも、その対象と気持ちが一つになり切った時、人生、これほど楽しく幸せなことはない。

そういう人生を目指していきたい。


本書の刊行に際し、WBCで侍ジャパンを優勝に導き、日本国中を感動に湧かせた栗山英樹前監督に「まえがき」をいただいた。いま世界の注目を集めるただ中にいる人が忙中を押して一文を寄せてくださったことに、ただただ感謝の他はない。
また、美術家の清水義光様から、本文に即した素晴らしい挿絵を賜った。心からのお礼を申し上げたい。

令和五年八月

藤尾　秀昭

第四章　運命をひらくもの

生き方の法則	『致知』2022年10月号
実行するは我にあり	『致知』2022年9月号
運鈍根	『致知』2022年11月号
追悼　稲盛和夫	『致知』2022年12月号

第五章　心を高める

遂げずばやまじ	『致知』2023年1月号
積善の家に余慶あり	『致知』2023年2月号
一心万変に応ず	『致知』2023年3月号
不惜身命　但惜身命	『致知』2023年5月号

第六章　命を見つめる

人生の四季をどう生きるか	『致知』2023年4月号
わが人生の詩	『致知』2023年6月号
悲愁を越えて	『致知』2023年8月号

初出一覧

第一章　言葉が人間を創る

積み重ね 積み重ねても また積み重ね　『致知』2021年 8 月号
言葉は力　『致知』2021年 9 月号
天に星　地に花　人に愛　『致知』2021年10月号
努力にまさる天才なし　『致知』2021年11月号

第二章　人生の大事

死中活あり　『致知』2021年12月号
人生、一誠に帰す　『致知』2022年 1 月号
百万の典経 日下の燈　『致知』2022年 2 月号
学を為す、故に書を読む　『致知』2023年 7 月号

第三章　不変の原理

山上　山また山　『致知』2022年4月号
伝承する　『致知』2022年6月号
これでいいのか　『致知』2022年7月号
覚悟を決める　『致知』2022年8月号

著者略歴

藤尾秀昭（ふじお・ひであき）

昭和53年の創刊以来、月刊誌『致知』の編集に携わる。54年に編集長に就任。平成4年に致知出版社代表取締役社長に就任。現在、代表取締役社長兼主幹。『致知』は「人間学」をテーマに一貫した編集方針を貫いてきた雑誌で、令和5年、創刊45年を迎えた。有名無名を問わず、「一隅を照らす人々」に照準をあてた編集は、オンリーワンの雑誌として注目を集めている。主な著書に『小さな人生論1〜5』『小さな修養論1〜5』『小さな経営論』『心に響く小さな5つの物語Ⅰ〜Ⅲ』『プロの条件』『安岡正篤 心に残る言葉』『ポケット名言集「小さな人生論」』『人生の大則』『長の十訓』『生き方のセオリー』などがある。

小さな幸福論
――「致知」の言葉――

令和五年九月十五日第一刷発行

著者 藤尾 秀昭
発行者 藤尾 秀昭
発行所 致知出版社
〒150-0001 東京都渋谷区神宮前四の二十四の九
TEL（〇三）三七九六―二一一一
印刷・製本 中央精版印刷
落丁・乱丁はお取替え致します。 （検印廃止）

ISBN978-4-8009-1291-6 C0095
ホームページ　https://www.chichi.co.jp
Eメール　books@chichi.co.jp